moda
intuitiva

CRIS GUERRA

moda intuitiva

um não manual de moda para ser feliz

SUMÁRIO

12 — **INTRODUÇÃO**
Um não manual de moda

18 — **MODA E PERMISSÃO**
Manda quem pode, obedece quem não tem juízo

22 — **MODA E AUTOESTIMA**
A moda a seu favor

34 — **QUE MULHER VOCÊ ACORDOU HOJE?**
Por que se vestir de um jeito só se você não é sempre a mesma?

38 — **MODA E INTUIÇÃO**
Onde eu estava com a cabeça quando vesti isso?

42 — **QUANDO A PERFEIÇÃO ESTRAGA TUDO**
Pior que usar uma bolsa Chanel falsa é ser uma falsificação de si mesma

52 — **NAS ARARAS**
Histórias de extinção e sobrevivência

74 — **BRINQUE DE COLORIR**
Amplie suas paletas

134 — **HOJE VOU ASSIM**
O dia em que o estilo finalmente sai do armário

166 — **ROUPA DE MÃE**
O exame deu positivo! E agora, com que roupa eu vou?

176 — **A MODA VAI AO TRABALHO**
Para a sua roupa falar bem de você

182 — **MODA DEPOIS DOS 40, 50, 60, 70...**
A maturidade é uma grande professora de estilo

214 — **ROUPATERAPIA**
Exercícios divertidos de moda intuitiva

228 — **SEM IGUAL**
Tatuagens e outras formas de ser único

236 — **NO PROVADOR**
Experimente comprar melhor

256 — **CADA COISA EM SEU LUGAR**
Dicas para organizar e manter um acervo a seu favor

264 — **PARA ALIMENTAR**
Pequeno guia de inspirações

274 — **FIM DE PAPO**
Armário de sentir

278 — **NA SACOLA**
Listinha de aprendizados para levar para casa já

283 — **AGRADECIMENTOS**

Para minha mãe, Dulce.
Para minha avó Juracy.

Apaixonei-me pelos textos da Cris quando, com coração apertado e olhos marejados, lia as cartas escritas *Para Francisco* e me encantava com toda a sua criatividade nos *looks* do *Hoje Vou Assim*. Com sua história, despretensiosamente, ela ensinou a mim — e a tantos mais — o significado de resiliência, autenticidade e reinvenção.

Agora, reinventa também o que significa envelhecer. Veste-se de liberdade, rasga alguns padrões, costura outras certezas e faz novas combinações. Como ela mesma se descreve, uma camaleoa, que é livre para se vestir, sentir e ser, nessa imensidão que é viver.

No mundo inteiro, observamos a Revolução da Longevidade. O tempo esticou e vivemos cada vez mais e melhor: com disposição, saúde, dinheiro no bolso e sonhos — muitos sonhos. Nossa pirâmide etária virou pera e, diferente do que muitos pensam, o Brasil já é um país com mais avós do que netos. Junto com os novos maduros, um mundo diferente vai emergir. *Perennial* e *ageless*, assim como a Cris.

Os anos são o pano de fundo de algumas histórias, mas há muito mais nestas páginas. Há vida, ousadia e primeiras vezes que ainda acontecem depois de muito viver. Há também novos medos, receios e fantasmas — porque eles não somem debaixo da cama com os anos a mais. Assim, a Cris revela a revolução dentro da revolução, protagonizada pelas mulheres maduras: a coragem de sermos quem quisermos ser.

Layla Vallias, especialista em Economia Prateada, fundadora do Hype50+ e coordenadora do estudo Tsunami60+

UM **NÃO** MANUAL DE MODA

Meu primeiro uniforme de escola foi uma camisa branca de tergal, saia plissada em xadrez tartã com predominância de tons avermelhados e um sapato boneca preto, usado sempre com meias brancas. A cereja do bolo era uma gravatinha xadrez, do mesmo tecido da saia.

Mais adiante, num colégio de classe média alta, calçando o meu Bamba branco, eu invejava as colegas que usavam tênis Converse All Star de cano alto. Naquele tempo, o tênis era privilégio dos viajados. O mesmo acontecia com os *trainings* Adidas usados pelas colegas mais abastadas nas aulas de educação física. Enfiada em meu macacão de helanca com apenas duas listras brancas, eu torcia para permanecer invisível. Desejo inútil: durante a escalação dos dois times de vôlei, eu ficava cada vez mais visível por sobrar, sozinha, indesejada por ambas as equipes — alheia aos meus desejos, a professora sempre escolhia um esporte coletivo, enquanto o meu forte era a ginástica olímpica.

Aos domingos, minha mãe me levava à feira *hippie*. Lá, eu realizava todos os meus sonhos de consumo vestindo minha loira boneca Susi com minúsculas e glamourosas roupinhas — seu armário faria inveja a Carrie Bradshaw.

Milhares de páginas de diários mais tarde, estou dentro de uma agência de publicidade. Ali, sou redatora — e fora dali, uma consumidora compulsiva de calças jeans, que me reafirmam a beleza ao me conceder um bumbum arrebatado.

O tempo avança mais um pouco e, com ele, meu guarda-roupa. Por ali passaram centenas, talvez milhares de peças diferentes. Poucas permaneceram. Mas cada uma das que ali estão é resultado de todas as outras que por ali passaram. A maioria delas foi paixão, poucas são amor de verdade. Na estrada, construiu-se um estilo.

Um rápido relacionamento com uma calça saruel. Boas lembranças de uma sandália gladiador aos meus pés. Um flerte com uma calça de cintura alta. Um casamento estável com um vestido acinturado. Várias sapatilhas como grandes e melhores amigas. Paixão platônica por um *trench coat*. Anos de relacionamento com camisas brancas e vestidos vermelhos. Lenços que de vez em quando me agarram pelo pescoço, curtindo uma amizade colorida. Aventuras constantes com uma estampa de oncinha.

Um dia, no Mercado São José, em Recife, apaixonei-me por uma camisa branca de renda renascença e por uma bolsa-carteiro de couro cru. Não havia nelas nenhuma marca para lhes dar chancelas. A qualidade agora está em mim. Cresci em minhas andanças: minha melhor marca sou eu.

==Se um *striptease* desnuda uma mulher completamente, o ato de vestir fala ainda mais sobre ela. Roupas contam trechos da nossa história – quanto mais vestimos, mais revelamos.==

Alguns fatos me motivaram a escrever este livro. Um deles, aparentemente corriqueiro, me deixou pensativa: um link sobre moda trazia o título "Como usar blazer vinho", como se roupas fossem eletrodomésticos que precisam de manuais de instruções. O outro, nem tão corriqueiro assim: passei mais de cinco anos me fotografando diariamente e expondo no blog Hoje Vou Assim – hojevouassim.com.br – o que eu vestia pela manhã.

Se você abrir o *Dicionário Aurélio*, vai encontrar a seguinte definição para a palavra moda: "Conjunto de usos coletivos que caracterizam o vestuário de um determinado momento histórico". Mais adiante, a palavra *vestuário* é definida como "modo de vestir-se, de apresentar-se vestido e arrumado". Se a moda gosta de subversão, ela já começa subvertendo a linguagem: usa-se um termo inadequado para dizer respeito ao nosso modo de vestir. Parte-se do coletivo para falar de escolhas que deveriam ser antes de mais nada particulares. Uma coisa é dizer que a moda retrata o nosso tempo – é um olhar para o fenômeno ocorrido, concluso. Outra, bem diferente, é pensar que somos escravos dessa moda e desse tempo.

Vivenciando a moda diariamente há mais de trinta anos, aprendi que existem duas formas de se relacionar com ela: pode ser como a devoção de um fã por seu ídolo – ao estilo tudo o que ela dita eu sigo –, um fanático que simplesmente obedece. Ou pode ser uma boa amizade, com trocas equilibradas – ela provoca desejo, eu correspondo com inteligência: sugiro, acrescento, crio, uso uma peça de um jeito inédito, devolvo o desejo com minhas próprias ideias, cores, combinações.

Aprendi que a moda não deve ser mais uma forma de nos fazer infelizes, e sim um caminho para nos libertar. Não deve ser tratada de forma superficial, pois tem uma importância muito maior na nossa vida do que o admitimos. E nem pode ser limitada a especialistas, pois faz parte do nosso cotidiano, como escovar os dentes. Saiba que você conhece muito mais de moda do que imagina: vestir-se é algo que faz parte do seu dia a dia; e não existe melhor especialista em você do que você mesmo.

==Repleta de regras, já basta a vida. Então vamos deixar o vestuário== fora disso. Dicas, sim, são mais amáveis e delicadas – o que seria de nós sem as amigas com quem trocá-las? Mas nada como o nosso jeito de fazer as coisas.

Moda intuitiva é um título natural para a maneira como eu lido com o vestuário e para o que eu acredito ser a moda como benefício. Algo que não é para ser matematizado, e sim para ser sentido e percebido – o que funciona para um pode não funcionar para outro e vice-versa.

Este livro se presta a uma função, mais do que qualquer outra: afastar você das regras e trazer para perto a sua essência. Mais do que contar o que aprendi e compartilhar o que funcionou para mim, a ideia é estimular suas próprias experiências e descobertas. E assim despertar o seu prazer de vestir como um encontro com você mesmo – natural, verdadeiro, intuitivo.

O que você tem nas mãos não pretende ser um livro de consulta. Minha intenção é que a sua leitura entre em sua vida, como um clássico entra em seu armário, e que ajude você a transformar a sua forma de abrir o guarda-roupa. Que você sinta, em vez de raciocinar. Que as suas escolhas não sejam certas ou erradas, mas que façam sentido.

<mark>Boa leitura!</mark>

"Seja você mesmo. Todas as outras personalidades já têm dono."

Oscar Wilde

MODA E PERMISSÃO

MANDA QUEM PODE, OBEDECE QUEM NÃO TEM JUÍZO

Funciona assim: alguém me conta que a atriz Katie Holmes está usando jeans enroladinho na barra, eu confirmo a notícia no Google e então me sinto no direito de usar também. No dia seguinte, vou feliz para o trabalho, usando aquela calça cuja barra eu não queria cortar, por pura preguiça. Sinto-me aliviada, pois a Katie Holmes assinou embaixo. Eu, que já usei o jeans com a barra enroladinha no verão de 2003, mas não tenho como provar, publico uma foto no meu blog usando o jeans enroladinho na barra e autorizo outros milhares de mulheres a usarem também. Cada uma delas autoriza umas cinco amigas e pronto. O jeans com a barra enroladinha conquista o mundo.

E as ruas ganham milhares, milhões de aspirantes a Katie Holmes – porque ninguém vai sonhar com a simples blogueira que intermediou a notícia. E cada mulher mortal, ao enrolar a barra de seu jeans, espera também ganhar o charme, a boca, os olhos, os cachês, a filha e até o ex-marido de Katie Holmes.

Lançar moda é para poucos. Poucos que são vistos por muitos. Katie Holmes, sim. Ela foi mulher de Tom Cruise, é mãe de Suri, uma das crianças mais fofas do universo, e tem um fotógrafo escondido atrás de cada arbusto de sua mansão em Hollywood.

E nós... ah, nós simplesmente obedecemos. Quem não quer ter um futuro promissor como o dela? Enrolar a barra do jeans é um bom começo.

Mas nem sempre é assim tão fácil. Um dia Carolina Dieckmann disse numa entrevista que acha olheiras o máximo. As bem azuladas, de preferência. E, gente, Carolina é linda, tem dois filhos loiros, beija os atores mais bonitos da TV. É praticamente uma Katie Holmes brasileira. Mesmo assim, não conseguiu me convencer.

O jeans enroladinho na barra é bonito mesmo. E prático pra caramba. Já as olheiras, bom, as olheiras são práticas pra caramba.

Voltando à Katie, ninguém sabe como ela inventou a moda do jeans com a barra enroladinha. Ela pode ter tido a ideia quando viu a vizinha faxinando a casa. Ou quando resolveu experimentar um jeans para marcar a bainha, aí alguém tocou a campainha, ela enrolou a barra para ir atender e... era um *paparazzo*.

O CHATO DA MODA É QUE ELA VIRA MODA

Como um bastão que vamos passando umas às outras para espalhar uma forma de vestir, a moda é movida a permissões. Sofremos de uma adolescência tardia, resultado da nossa constante vontade de pertencer a grupos. Usar um chapéu na rua é atitude dos muito corajosos. O dia a dia é feito do que todo o mundo usa e, para começar a usar algo diferente, esperamos que alguém o faça antes de nós, como se aquele fosse um sinal: agora pode. Um resultado lamentável de tudo isso é que belas criações acabam morrendo por excesso de uso. A oncinha consegue um lugar de destaque, vira moda e, como tudo na moda tem seus exageros, começa a ser excessivamente explorada — até que, em determinado momento, começa a provocar enjoos. Depois é a vez da estampa de cobra, e assim por diante, até que não aguentamos mais falar sobre isso. O chato da moda é essa tentativa de se tornar uniforme.

Mas a culpa não é da moda, não: é nossa. ==Enquanto usarmos as chamadas tendências só porque são assim consideradas, acreditando que existem as produções certas ou erradas, estaremos apenas fazendo parte de um exército bem-mandado marchando em direção ao tédio.== O mundo clama por estilo, e você está convocado, independentemente de ser homem ou mulher: seja autêntico.

A mudança começa quando você entende que não é só o estilista que faz moda: ela pode ser feita por todos e por cada um de nós, como estilistas de nós mesmas que somos. Cobras, zebras e onças estão aí para fazer a nossa vida mais divertida. Mas não existe nada mais chato que ser um cordeirinho.

Estilo não é um valor tangível – nem comprável. É uma conquista pessoal, que nos tira da condição de seguidoras da moda e nos coloca no posto de fazedoras. Um prazer e tanto, ao alcance de todas as que estiverem dispostas a essa viagem.

> Você escolhe:
> seguir a moda
> ou fazer a moda.

MODA E AUTOESTIMA
A MODA A SEU FAVOR

Toda vez que vejo uma mulher muito bonita, eu me lembro da criança que fui, sempre atenta às qualidades dos outros, sem ver grandes atributos em mim. Eu tinha um sentimento de inadequação que não cabia em mim. Precisava de um cirurgião plástico. De um ortodontista. Ou de um milagre. Escolhi fazer a única coisa que dependia apenas de mim e sobre a qual eu tinha certo controle: aprender a me amar do jeito que vim ao mundo.

A moda, generosa, deu um jeito de ocupar um lugar em minha vida como grande aliada, mesmo que por muito tempo eu apenas me culpasse por isso. Eu podia ter uma tremenda sensação de bem-estar dentro de uma roupa bonita, mas logo isso se transformava em culpa. (Apesar de sermos obrigadas a cobrir o nosso corpo com alguma coisa todos os dias, insistimos em dizer que vestir-se é assunto sem importância. E durma com um barulho desses.)

Provavelmente você também aprendeu a ver a moda como futilidade. Por toda parte, o assunto é relegado ao plano da superficialidade. E os discursos são rasos a tal ponto que nos esquecemos de que a nossa forma de vestir é algo que afeta todos os outros setores da nossa vida.

Ao entrar no provador da loja para experimentar uma peça de roupa, você não vai só. Leva toda a sua história para dentro da cabine. O que você pensa de si mesma e o que quer que os outros pensem. Sua relação consigo própria e, consequentemente, com a vida.

Falo do assunto por experiência própria. Meu caso com a moda é, sem dúvida, um dos grandes responsáveis pelo resgate desse ativo tão importante, do qual faço um uso considerável em momentos primordiais na minha vida: a autoestima.

A história começa em 1970. Caçula temporã de um casal com cinco filhos, fui recebida com festa. Encontrei uma família ávida e saudosa de um bebezinho. E se em meus primeiros anos de vida o mundo à minha volta se curvou aos meus desejos, a hora da verdade não tardou. Diante da vida como ela é, tive que me haver sozinha com a visão confusa que eu tinha a meu respeito. De magrela a reclamona, eu era um conjunto de adjetivos pesados, quase um caso perdido.

Por muitos anos, o diário foi meu grande terapeuta. Mais tarde, a roupa foi tomando espaço em minha vida. Nela comecei a colocar muitos dos meus conflitos, o que resultou naturalmente em exageros. Com uma boa parcela de culpa, desenvolvi uma relação íntima com o vestuário, o que só se equilibrou depois de um *insight* da minha psicanalista: "A moda é um grande prazer em sua vida. Você herdou da sua avó o dom de se vestir. Explore isso".

Só então entendi: disfarçado de compulsão, havia ali um gosto, um prazer incomum, que poderia significar um caminho novo e saudável na busca para me sentir melhor em minha própria pele. Mais adiante, vivendo uma perda considerável, tive o prazer em vestir como meu grande aliado. Num impulso, passei a registrar minhas produções diárias para o trabalho. Cada foto publicada era um exercício de fé e alegria, e isso me ajudou a fazer de cada dia um novo passo. Comecei a ter ainda mais prazer e empenho na hora de me vestir, para que o tempo passasse mais divertido. Aprendi muito sobre mim mesma e acabei ajudando outras mulheres a fazerem o mesmo por elas.

Não, comprar uma roupa não é uma solução simples e rápida para elevar o nível de autoestima de uma pessoa. Quem recebe a mensagem dessa forma corre o risco de se afogar num guarda-roupa lotado, sem dar um passo em direção ao verdadeiro bem-estar. Mas a maneira como você se veste pode, sim, ajudá-la a gostar mais de ser você. Se a

> A nudez revela o nosso corpo. Mas o que escolhemos para vestir entrega a nossa alma.

nudez é crua, o vestir é uma construção. Você não pode escolher ter as pernas grossas ou finas, mas pode decidir o que lhe vai cobrir (ou não) as pernas e, assim, elaborar com suas preferências a sua forma de estar no mundo.

Não é simplesmente consumo. Pode ser a decisão de não consumir e usar o que se tem no armário – isso também é estilo. Sua moda fala sobre suas escolhas e suas preferências, seu humor e suas paixões. E pode ser um grande incentivo para você amar seus aspectos únicos e gostar cada vez mais de ser você.

A autoestima está intimamente relacionada à consciência do próprio valor. A coisa funciona como um círculo vicioso: a maneira como você se vê influencia a maneira como você age, que por sua vez determina a maneira como os outros a veem. Novamente, a forma como os outros veem você pode influenciar diretamente a forma como você se vê, e assim por diante.

E como se constrói a maneira como você se vê? Ela é o resultado de uma série de experiências, desde aquele dia em que sua mãe comentou que adoraria que você tivesse os cabelos lisos até aquela entrevista de emprego que não resultou em contratação – passando pelos foras que você levou das paqueras na adolescência. A soma desses fatos e de muitos outros ajudou a construir a visão que você tem de si mesma.

==Autoestima é como um músculo que deve ser frequentemente exercitado.==

O berço da sua autoestima é o seu ambiente familiar e a maneira como você foi tratada. Na maior parte das vezes, eu garanto, ele não é de ouro – por mais que os pais sejam

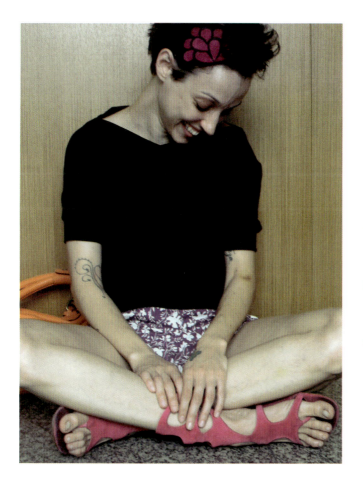

> Uma peça de roupa não tem o poder de aumentar nossa felicidade. Mas tem o poder de nos oferecer um outro ponto de vista a respeito de nós mesmas.

25

bem-intencionados, sempre terão atitudes que, sem querer, poderão afetar a autoestima dos filhos. Sobre a atuação de sua família, não há o que possa ser feito. ==A boa notícia é que há muito o que fazer daqui para a frente. E depende unicamente de você.==

Imagine a seguinte situação: você está sozinha em Nova York, aguardando pelo elevador em um grande edifício. A porta se abre e, lá dentro, você avista um cara bem parecido com o Brad Pitt. Ao entrar, você confirma: é ele! Você tenta disfarçar o entusiasmo e age naturalmente. Discreta, aproveita para observar e sentir seu perfume. Ele é mesmo alto, forte, loiro, olhos muito azuis – você não vê a hora de contar para todo mundo! Até que ele sorri e diz *"Hi!"*. Seus sonhos caem por terra: você sente um tremendo... mau hálito! Tentando disfarçar a decepção, você sorri amarelo. São muitas notícias para digerir em tão poucos minutos. A porta se abre mais uma vez, ele sai do elevador, e você fica, acompanhada de pensamentos contraditórios.

Pode ter sido apenas um mau dia para Brad, não? De qualquer forma, você vai levar um tempo para desconstruir aquela imagem perfeita do ator em sua cabeça. Afinal, você passou anos tendo contato com fatos que só confirmavam a sua admiração por ele: lindo, carinhoso, ex de Angelina Jolie, lindos filhos biológicos e adotivos. Os últimos dados não se encaixam na imagem perfeita que você construiu do ator.

Seguindo a mesma lógica, pense: ==da mesma forma que você tem uma imagem pronta sobre uma pessoa famosa, passou a vida construindo a imagem que tem de si mesma.== Também será preciso um bom tempo para desfazer esse seu retrato arraigado e construir outro melhor. Ao contrário do que acontece com os ídolos, a sua própria visão a seu respeito está aquém do que você gostaria, por um motivo muito simples: você é diferente dos outros. Mas se baseia neles para construir a impressão que tem de si mesma.

==Ninguém lhe disse que ser diferente é bom.== Ao contrário, a vida inteira você aprendeu a ver a diferença como algo negativo. Mas é inútil tentar: ninguém é igual a ninguém. Podemos encontrar semelhanças, mas seremos sempre di-

ferentes. Tomamos o fato como ofensa, até entender que ela é a nossa grande qualidade.

Não existe ninguém igual a você. E é justamente esse o alicerce da autoestima.

Na vida vivenciamos vários momentos de "adolescência" em que a busca por semelhança faz parte da nossa busca pelo bem-estar. Mas quando passamos a enxergar a diferença como aliada, finalmente tomamos uma estrada que nos levará a algum lugar.

Entender e acolher o seu aspecto único como uma grande qualidade é definitivo. Depois disso, você está pronta para aperfeiçoar essa pessoa especial que você é.

É um movimento de dentro para fora, e não de fora para dentro.

Gosto de um raciocínio simples que distingue as palavras autoestima e egocentrismo. Quem se ama de verdade diz ao mundo, por meio de suas atitudes: "Sou digna de amor". Em outras palavras: sou "amável". Você já reparou no poder dessa palavra? Quando atribuímos esse adjetivo a uma pessoa, queremos expressar que ela é agradável e sabe enxergar o outro, tratando-o com respeito. E essa é uma consequência direta de estar bem consigo mesma. Já os egocêntricos só veem a si mesmos, distorcendo o amor-próprio para transformá-lo em autocentramento.

As possibilidades da moda podem ser grandes aliadas da autoestima, na medida em que ajudam você a se diferenciar. Por outro lado, podem ser capazes de arremessar você do último andar de um prédio se se prestarem apenas à uniformização. Enquanto instrumento de reafirmação do seu aspecto único, a moda é uma aliada e tanto. Valoriza, na medida em que diferencia. E ajuda você a descobrir e ressaltar sua identidade.

A consultora Glória Kalil diz sabiamente que "moda é oferta, estilo é escolha". A descoberta do seu estilo passa por aprender a se encontrar no que está sendo ofertado e, assim, saber escolher – e não estou falando de fazer opções "certas" ou "erradas". Aprender a se conhecer para tomar caminhos que a definam. Mulheres com estilo mostram-se a cada escolha. Seus guarda-roupas são retratos de suas almas.

MESMO QUE VOCÊ NÃO DIGA NADA, TODO MUNDO OUVE ALGUMA COISA

Já parou para pensar no quanto as roupas falam? Observe as pessoas para ver. Logo ali, atravessando a rua, tem uma roupa dizendo: "Olha como eu emagreci!". Mais adiante, uma mulher de cabelos longos caindo nos olhos usa uma blusa fechada em tom escuro e uma saia abaixo dos joelhos que dizem: "Me esqueça, eu não quero ser notada". Por ela passa um homem de casaco de couro fechado até o pescoço, barba por fazer, calça jeans e óculos escuros. "Desvende os meus segredos" diz a roupa dele. A corrente de ouro no peito do homem musculoso com a camisa entreaberta grita para a mulher ao lado: "Reparou em como eu sou forte?". O decote insinuante da gordinha está dizendo em alto e bom som: "Eu me garanto". O terno impecavelmente cortado e a gravata discreta do homem grisalho passam a mensagem: "Negócio fechado". O vestido que traz uma estampa de esqueleto grita em nome da mulher que o veste: "Olha como eu sou criativa!". O salto agulha da mocinha de vermelho afirma enquanto anda: "Ele vai ver o que perdeu". Há quem se vista só para dizer: "Odeio a moda e quero deixar isso bem claro". Por outro lado, há quem diga, mesmo sem conseguir ouvir: "Gosto mais da moda do que de mim". Pode ser que você nem pense nos textos que está escrevendo para o mundo enquanto se veste. Mas que você vai ser lida... ah, isso vai.

Em seu aprendizado de estilo, você deverá seguir seu caminho, a despeito do que os outros pensam. E terá que se preparar para olhares de estranhamento. Todos vão ler você o tempo todo. E muitos vão se equivocar. Com o passar do tempo, seu estilo passará a estar cada vez mais em consonância com o que você realmente quer dizer.

É bom cuidar da sua autoestima para iniciar a experiência de descoberta do seu estilo. Será necessário tentar muitas vezes e se permitir tomar caminhos incertos. Com o tempo você aprenderá a ter segurança para não se levar tão a sério e se permitir tentar de novo. Mas é importante não parar de caminhar.

CÁ ENTRE NÓS

Pensa bem, você convive com você mesma há 20, 30, 40, 50 anos. São décadas e décadas acordando e indo dormir com você, ouvindo sua própria voz, estando ao seu lado em cada desafio. Garanto que, depois de tanto tempo, você não perdoa um deslize. Seja na aparência física, no trabalho, na relação amorosa ou com a família. Você quer abraçar o mundo com as pernas e, convenhamos, suas pernas andam bem cansadas. Pensa em tudo o que você já passou, nos caminhos que teve de desbravar. Agora vai lá, dá uma olhadinha no espelho e presta atenção no ser humano incrível que você é.

Tá certo, não é fácil viver nesse mundo que exibe conquistas e esconde fracassos. Basta uma olhadinha no Instagram para achar que todos têm a barriga negativa e o saldo bancário positivo — menos você. Enquanto alguém medita fazendo o Caminho de Santiago, você está a caminho do escritório, prestes a enfrentar mais um dia difícil. Aquelas janelinhas parecem trazer as piores notícias sobre a sua vida:

1 | Você não está num ano sabático;
2 | Você não está nas Ilhas Gregas;
3 | Se nem os seus objetivos de vida estão bem definidos, que dirá o seu abdômen.

Cá entre nós, acione o seu protetor contra esses mitos da modernidade. Do lado de cá da tela, a vida é sem filtro. Todo mundo sente cansaço, dúvidas e medo da solidão. Todo casal briga. Envelhecer não é fácil para ninguém. E um passeio pelo Instagram é só mais um exercício diário de bravura.

Outro dia mesmo eu fiz uma foto invejável em frente ao Duomo de Milão numa bela tarde ensolarada. Só não coloquei na legenda que meus pés doíam, a fome gritava e eu estava prestes a enfrentar horas de voo na classe econômica.

LEMBRE-SE: da mesma forma que você tem uma imagem (geralmente equivocada) sobre as outras pessoas, você também é sua própria espectadora. E passou anos elaborando esse retrato de si mesma. Aquele amor não correspondido da adolescência, a brincadeira de mau gosto dos colegas, o tempo no banco de reserva durante os campeonatos de basquete: tudo isso ajudou você a construir sua autoimagem, que certamente tem lá as suas distorções. A boa notícia é que você tem o poder de mudar isso. Dá trabalho, sim, como toda reforma, mas no final vale a pena.

Só que para mexer nessa estrutura você precisa demolir o velho ponto de vista. Ser mais generosa quando olhar para si mesma e um pouco mais cética quando achar que a vida do outro é perfeita. Sabe aquele cara do trabalho, que fala muito e ouve pouco? O que está sempre em busca dos holofotes para se reafirmar? Ele não é autoconfiante, é vaidoso. A vaidade entra justamente no lugar vago da autoestima, esse músculo que precisa ser constantemente exercitado – ou atrofia. Quem tem consciência do próprio valor não se mede por conquistas ou fracassos. Admite suas imperfeições e perdoa as do outro.

Cuidar bem da sua autoestima faz bem para você e para quem está por perto, porque aumenta a sua generosidade e empatia. Vai por mim: mudar a visão que você tem de si mesma muda o mundo à sua volta.

QUE MULHER VOCÊ ACORDOU HOJE?

POR QUE SE VESTIR DE UM JEITO SÓ SE VOCÊ NÃO É SEMPRE A MESMA?

Se a palavra moda fosse uma pessoa, seria do sexo feminino e teria entre 13 e 19 anos. A moda é adolescente: inconstante por natureza, muda de opinião como quem muda de roupa. E nós nos curvamos a ela, sempre soberana, ora optando por se esconder, ora fazendo questão do escândalo. Essa adolescente é boa de escolhas e, apesar de temperamental, consegue nos seduzir e convencer, e nos fazer seguir suas vontades, não por usar bons argumentos, mas por seu gosto pela aventura, seu frescor e irremediável juventude. Isso, até o próximo surto, até a próxima invenção. Conviver com essa adolescente desvairada é o que nos rejuvenesce.

E se a moda muda o tempo todo, como manter-se fiel ao seu estilo? É um equívoco imaginar que estilo é uma forma de aprisionamento. A origem desse modo de pensar está nos estereótipos com os quais convivemos desde cedo. Aprendemos a olhar as pessoas e rotulá-las: o *nerd*, a patricinha, a periguete, o alternativo, o careta. Enxergando o mundo por essas lentes, o chefe de família está proibido de gostar de rock pesado. Uma mulher de cabelos curtos não pode ser doce ou delicada.

Quem enxerga o mundo dessa forma são as mesmas pessoas que levam a vida convivendo com um único tipo de gente, frequentando um só tipo de lugar, vestindo-se sempre da mesma forma e mantendo exatamente as mesmas opiniões. Os que colocaram a cabeça para fora da janelinha descobriram que do lado de lá o ar é puro e muito agradável. E

> Inconstante por natureza, a moda muda de opinião como quem muda de roupa.

passaram a entender que uma mulher coberta de tatuagens pode vestir uma roupa clássica, ter sonhos românticos e um casamento tradicional. A diferença entre enxergar essas sutilezas ou fechar os olhos para elas não se reflete apenas no estilo: a diferença está em ser livre ou não.

Revistas e manuais de moda gostam de departamentalizar as formas de vestir: básica, moderna, despojada, sensual, retrô, roqueira, dinâmica, conservadora, arrojada, esportiva, romântica. Você vai encontrar diversas nomenclaturas que conceituam os estilos para facilitar sua identificação. Mas dificilmente você encontrará alguém que se encaixe no mesmo estilo sempre. Um dos segredos de estilo é justamente a mistura: pitadas de uma referência com uma boa dose de outra fazem uma produção surpreendente.

Ter estilo não é se vestir igual todo dia: é ser fiel à sua essência, entendendo que em um dia você pode acordar diferente do outro, sem deixar de ser você.

Um aprendizado de estilo passa por este nobre movimento: permitir-se mudar de opinião. Definitivamente, ter

estilo não é vestir-se sempre da mesma forma. É acolher sua personalidade – e todos os humores que surgem dentro de você.

O mundo vive querendo nos encaixar em perfis. Entenda que você não é nenhum deles e recuse rótulos. Não compre modelos prontos. Misture, faça a sua salada. Seu estilo – mesmo que você ainda não o tenha descoberto – só pode ser chamado por um nome: o seu. Com sobrenome e tudo.

"A moda passa. Estilo é eterno." A afirmação é atribuída a Gabrielle Coco Chanel, mas algo bem parecido já foi dito por Yves Saint Laurent. Mais do que seus talentos para traçar linhas definitivas na história da moda, eles tinham em comum este ponto de vista: vestir-se com o que está em destaque na moda é fácil; já o estilo próprio é uma construção. Exige tempo e disposição – prazer para observar, vestir, procurar, garimpar –, porque é uma descoberta individual, fruto do autoconhecimento. E está diretamente relacionado à verdade de cada um.

Não adianta fazer todos os cursos e consultorias se você não se conectar com o que é: sua história, sua maneira de ver as coisas, seu jeito.

Certamente você já viu alguém vestindo o que não combinava com sua personalidade e sentiu que aquela roupa era falsa, como se não se encaixasse em quem a vestia, não é? Vestir-se é desnudar a alma: quanto mais você se veste, mais se mostra.

Repare em como o principal valor de uma mensagem mora na sua verdade. O ator, por exemplo. Seu talento não está em fingir, mas em encontrar aquele personagem dentro de si. Na moda acontece a mesma coisa: quando usamos o termo "carregar uma roupa", estamos nos referindo à verdade de quem a veste. O talento de uma modelo é acreditar no que desfila.

Verdade, na moda, é escolher por afinidade, e não por regra ou tendência. É entrar numa roupa e se deixar levar por suas sensações. Verdade é usar a roupa para reforçar sua identidade, e não para ser igual a ninguém. Sentir, e não calcular. Ser, e não pretender ser. Na hora de se vestir, pense nisso. Tire do armário a sua verdade.

> "Até cortar os próprios defeitos pode ser perigoso. Nunca se sabe qual é o defeito que sustenta nosso edifício inteiro."
>
> **Clarice Lispector**

MODA E INTUIÇÃO

ONDE EU ESTAVA
COM A CABEÇA
QUANDO
VESTI ISSO?

QUAL É O PESO DAS EMOÇÕES NA TOMADA DE DECISÕES

Em seu livro *Ninguém enriquece por acaso*, o escritor e filósofo Jacob Pétry conta que, em 1996, um médico fez uma descoberta que revolucionou a neurociência. Ele estudou pacientes que, por algum motivo, tinham sofrido lesões na parte do cérebro responsável por desempenhar um papel fundamental na tomada de decisões. Quando uma pessoa sofre lesões nessa região cerebral, perde a capacidade de sentir emoções, tornando-se completamente racional. Sem a influência das emoções, essas pessoas eram incapazes de fazer as escolhas mais simples, como decidir que roupa usar. O indeciso começava a listar prós e contras e mantinha-se hesitante por tempo indeterminado. Conclusão: no processo de escolha, as emoções e os desejos são muito mais importantes do que podemos imaginar.

É assim que eu enxergo o vestir. É como dançar, escrever, compor uma música, fazer um verso, pintar um quadro. Não é matemático. Não acredito que exista certo e errado na moda. Existe o que os nossos olhos veem e o que a nossa intuição aprova. Errado é não respeitar as diferenças e as diversas formas de se expressar. Se trocássemos o certo e o errado da moda pelo certo e errado na vida, estaríamos salvos.

Opções não faltam. Basta colocar a palavra moda no Google para obter mais de 750 mil resultados em um quinto de segundo. Mas você já reparou que a maior parte dessas

"Nada está na mente que não tenha estado antes nos sentidos."

Aristóteles

opções diz a mesma coisa? São muitas vozes dissonantes e desencontradas dizendo o mesmo lugar-comum. O coro canta uma ciência exata, mas a música que acompanha é carregada de emoção.

O CORPO PENSA

Deu no *New York Times*: cientistas norte-americanos estudaram o efeito das roupas sobre o funcionamento do cérebro. Uma das conclusões: ao vestir o avental branco de um médico, ciente de que é o avental de um médico, o ser humano aumenta sua habilidade para prestar atenção. O mesmo não acontece se você vestir o avental branco de um pintor. O fenômeno é chamado pelos cientistas de *cognição indumentária* e se refere aos efeitos das roupas sobre os processos cognitivos. Ao vestir o avental do médico, você veste também o seu significado simbólico: médicos tendem a ser cuidadosos, atentos e rigorosos. A análise dos resultados desses estudos nos diz que não pensamos apenas com o cérebro, mas com o corpo.

O processo de pensamento chamado *cognição incorporada* é baseado em experiências físicas que desencadeiam conceitos abstratos associados. Por exemplo, lavar as mãos é associado à pureza moral. Levar uma prancheta pesada nos faz sentir mais importantes. E ao que tudo indica, essas experiências incluem as roupas que vestimos. As roupas parecem tomar conta do corpo e do cérebro, colocando o usuário em um estado psicológico diferente. Outros experimentos mostraram que mulheres que se vestem de forma masculina para uma entrevista de emprego são mais propensas a serem contratadas (olha o machismo aí). A pesquisa ainda tem muito o que avançar, mas já nos basta para entender que, de fato, o que vestimos faz diferença na maneira como atuamos no mundo. A roupa afeta não só a forma como os outros nos veem, mas, antes de tudo, a forma como nos vemos.

E isso é determinante no modo como somos tratados. Por isso costumo sugerir às amigas: terminou o namoro? Salto alto no dia seguinte. Parece bobagem, mas faz diferença.

> Viemos ao mundo para ser felizes, não para sustentar opiniões.

METAMORFOSE AMBULANTE

Uma das coisas que eu mais gosto na moda é a capacidade que ela tem de me fazer mudar de opinião. Um dia, morro de rir da cintura alta. Algum tempo depois, posso circular de cintura alta por aí. Bastam alguns meses e tudo pode mudar.

Mudar de opinião é algo que fazemos pouco na vida, talvez porque seja difícil admitir que algum dia estivemos errados. ==Na moda, não: mudar de opinião significa apenas que entramos no provador para experimentar.== E não é que ficou bom? A moda nos ensina que estando dentro de um vestido, tudo pode parecer diferente.

O bom da moda é que ela nos permite ser diferente a cada dia. Um dia acordamos fatais, no outro dia queremos passear na praia, no outro queremos ser bonecas. É o que nos ajuda a continuarmos gostando de ser nós mesmas.

MODA É UMA EXPERIÊNCIA SENSORIAL

O mestre indiano Osho, falecido em 1990, diz que a intuição é uma qualidade inata, ao alcance de todos nós. Um sentido que nasce com a gente, mas que vamos mascarando e oprimindo ao longo do tempo, à medida que vamos sendo formatados por uma educação voltada para a segurança, cercada de regras e proibições. Osho alerta para a diferença entre o conhecimento e o saber. Enquanto o conhecimento é uma teoria, o saber é uma experiência. Conhecer é artificial. Saber é fruto da vivência.

Eu sempre me incomodo com o excesso de informações sobre moda e tendência. Se nos munimos de tanto na busca angustiada por um estilo e por uma forma autêntica de vestir, onde ficamos nós? Informações demais e experimentação de menos nos afastam de nós mesmas. E nesse contexto a moda parece ser algo fora de nós.

O termo Moda Intuitiva traduz uma forma de se relacionar com o vestir, movida pela experimentação e pelo contato sensorial mais do que pela informação. Conhecer sobre moda é importante? Talvez. Vivenciar a moda, por outro lado, é sabê-la. Aproximar, praticar, sentir texturas, deixar-se levar pelas sensações que uma peça de roupa provoca em você.

Meu conselho para a busca do tão almejado estilo próprio – sua forma autêntica de vestir, que traduz a sua identidade – passa por aí. Atirar-se. Experimentar, mergulhar, sentir. Deixar a informação pura e simples onde ela sempre ficará: distante. Parar de raciocinar, esquecer as regras e chegar mais perto de si.

Gosto de explorar as sensações que as roupas e os sapatos me provocam. A maioria das boas peças traz com elas esta capacidade: despertar sensações de bem-estar que são capazes de mudar nossa postura.

Entra aqui a importância de uma boa lingerie. Ninguém está vendo, mas por dentro você está se sentindo poderosa, e isso diferencia a sua forma de agir.

Desfilar pelas ruas com minhas escolhas de moda é levar comigo muitas existências. Todas em uma, brilhando juntas no meu jeito de andar. Caminhar como quem escreve um poema. O corpo é a caneta, o pincel de pintar o tempo em que estou e estive. A vida em movimento: inteira, nova, mutante. A moda me faz existir. Faz do meu vulto imagem nítida e com volume. Sou mais que necessidade, sou desejo. Sou mais que alimento, sou banquete. Mais que eu, sou muitas.

É colorida, a moda. E eu tenho fome dela: quero olhar, pegar, entrar na roupa, calçar o sapato. Apertar para ver se é macio. Quero degustar o vestido, encher meu prato com todas as cores e todos os sabores que eu achar em mim. Quero o movimento da seda da saia à medida que eu ando. Subir no salto como quem sobe no pódio. Comprimentos, caimentos, movimentos. Quero fazer do provador um menu-degustação.

Não quero a moda para mandar em mim. Quero é convidar a moda a se vestir de mim.

QUANDO A PERFEIÇÃO ESTRAGA TUDO

PIOR QUE USAR UMA BOLSA CHANEL FALSA É SER UMA FALSIFICAÇÃO DE SI MESMA.

UMA BEM-VINDA IMPERFEIÇÃO

Em sua obra *O livro negro do estilo*, a editora de moda colombiana Nina Garcia dá uma dica de estilo interessante, que ela chama de fator Kate Moss. Ela fala de uma certa imperfeição que é fundamental numa mulher de estilo, uma dose específica de imperfeição que a define como uma mulher única. Em suas aparições públicas, a modelo Kate Moss sempre aparenta não ter feito esforço algum. E o segredo não é a sua beleza – Kate fotografa extraordinariamente, mas não é propriamente uma mulher perfeita. Teria tudo para ser comum, não fosse a sua presença e essa imperfeição na medida exata.

A dica de Nina Garcia é um empurrãozinho em direção a uma palavra que eu adoro: espontaneidade. É ela que garante a pitadinha mágica de "não sei o quê" que faz o sucesso de modelos como Kate e Gisele Bündchen, e também de mulheres que não são modelos, mas que exalam estilo. Você deve conhecer uma ou mais mulheres assim. Elas são raras, mas possíveis. Não são calculadas, simplesmente são. Distraidamente são.

Eu acredito que essa coisa intangível que faz uma mulher descobrir (e exalar) seu estilo está diretamente relacionada ao prazer. De se vestir, de se relacionar com o vestir e, principalmente, prazer de estar em sua própria pele. Há quem pense que esse prazer tem a ver com a sorte de nascer bonita ou rica. Mas eu acredito que ele pode ser conquistado.

Estão equivocadas as filas de mulheres que imaginam estilo como uma lista de marcas para se usar, uma gama de poses recomendadas e os lugares certos para frequentar. Estilo é estar confortável em cima do salto ou no pijama de flanela – e em nenhum deles deixar de ser você. É arrebitar um nariz grande, mostrar pernas finas num vestido curto, eriçar um cabelo naturalmente anelado, aceitar suas imperfeições como parte da sua personalidade. O resto é página de revista, retoque de *photoshop*, pose de *socialite* no jornal. Estilo é a sua verdade, sua marca, o que é só seu. É se colocar em tudo o que você faz. E quando você se coloca, a imperfeição aparece. Pronto. É você a perfeita imperfeição que garante o tempero que faltava.

Tenho me impressionado com o tamanho da relevância da palavra beleza para a vida das mulheres. Como se eventualmente ser ou estar feia seja um crime. Não há nada de errado em amar o que é bonito. Mas há um desequilíbrio em se perder da sua essência (que é onde mora a verdadeira beleza) em busca de uma perfeição que não existe. Precisamos nos libertar dos padrões e exigências que, na prática, nós mesmas nos impomos.

Eu detesto tudo o que me afasta da minha humanidade, tudo o que me torna de mentira, o que me leva a não me reconhecer naquilo que faço. Sou de verdade – e gosto disso. Que chato deve ser nunca ter experimentado a feiura. Tem coisa melhor que se surpreender com o poder mágico de transformação de uma boa maquiagem?

Cada vez mais, a minha percepção da beleza tem a ver com os meus momentos alegres – a alegria é um componente da beleza. Observo minhas fotos e percebo que as minhas preferidas são aquelas em que dou um sorriso bom. Quanto mais natural e gostosa a risada, melhor. Meu sorriso e minha risada estão longe de ser perfeitos, mas expressam o meu melhor, minha identidade, aquilo que ninguém rouba de mim. Descobri que a alegria é um dos ingredientes da beleza. E hoje tenho uma certeza que me faz ainda mais feliz: o meu sorriso não precisa ser perfeito, só precisa ser sincero.

Como é bonito esse desengonço de humanidade, as pernas tortas que só eu tenho, as arcadas dentárias que não

exatamente se encaixam, mas deram um jeito de caminhar juntas. Um conjunto que só ganha harmonia porque está em mim. Ou em você, que equilibrou tudo isso e colocou o seu selo. Você que, como eu, não tem igual.

Que você possa ser fiel às suas crenças e absolutamente sincera consigo mesma. Que chore quando tiver vontade para poder sorrir com gosto depois. Porque o segredo de um riso solto também é chorar feito gente grande.

ANTES DE MAIS NADA, A ELEGÂNCIA

A palavra pode soar antiga, mas é um clássico. Lembro quando o meu pai assim me definia, ao me ver saindo do quarto, pronta para um compromisso: "Está elegante", ele dizia. Eu achava a coisa mais antiga do mundo. Mas o tempo me ensinou o valor dessa palavra. Ensinou-me também que elegância nada tem a ver com ter dinheiro. É o contrário de ostentação e também não convive com a palavra *status*. A verdadeira elegância, antes de ser percebida pelo outro, é um traço da alma. Um estado de espírito. Elegante é quem sabe usar palavras simples – é elegante ser acessível, tanto quanto ser discreto.

Se eu pudesse eleger uma pessoa para se chamar elegância, escolheria Cartola, o mais refinado sambista de todos os tempos. Ele não nasceu na favela, mas foi morar no Morro da Mangueira quando a família passou por dificuldades financeiras. Abandonou os estudos muito cedo e acabou trabalhando como servente de pedreiro. Para o cimento não lhe cair na cabeça, passou a usar chapéu-coco. Daí veio o apelido: Cartola.

Ele era elegante na música, na linguagem, nos gestos. O samba de Cartola é elegante, assim como o é a escola de samba da qual foi um dos fundadores: Estação Primeira de Mangueira. O samba, por si só, é um ritmo elegante, pois até para falar de tristeza ele não abre mão da alegria. E não há elegância maior que comemorar a vida em qualquer circunstância. O que nos traz à moda: vestir-se bem, mesmo nas horas duras, ==no sentido de cuidar bem de si e de sua imagem.== Um carinho consigo própria e com os outros.

==Elegância vem antes do estilo.== E é um preciso começo. É ter humildade em qualquer circunstância. Respeito ao outro, independentemente de quem seja – nunca tratar alguém de forma diferente dependendo do cargo que ocupa, da família a que pertence ou do que representa. Pessoas verdadeiramente chiques não ostentam. São simples, discretas e acessíveis – na linguagem, nos gestos, na forma de tratar os outros. Elegância também inclui o senso de adequação e coerência. Em outras palavras, a consciência de que não vivemos sozinhos no mundo e de que é bem-vindo um código de conduta em nossa maneira de nos relacionarmos com as pessoas. Por código de conduta, leia-se bom senso – diferente de regra –, no sentido de procurar ter consideração e ser delicado com o outro, até na forma de vestir. Usar um vestido branco para ir a um casamento é deselegante com a noiva.

Mas nem sempre a nossa educação nos fez elegantes. A roupa, nesse caso, pode ser uma porta de entrada – por que não? – para uma vida e uma postura nobres. É aprendizado que não acaba nunca. E saber aprender também é uma forma de elegância.

==Pessoas de estilo não se preocupam com o que está "na moda". E muitas vezes já usaram, sem saber, o que é considerado tendência. Pessoas de estilo têm um pacto com o bom gosto, não com a moda.==

SER BÁSICA É NÃO TER ESTILO?

Não acredito que existam pessoas desprovidas de estilo, e sim as que ainda não descobriram qual é o seu estilo. Quem se veste normalmente de um jeito básico pode, sim, ter um estilo básico. Mas também pode viver outra realidade: a preguiça de procurar novos *looks*, de sair de sua zona de conforto. Aí, sim, tenho algo a acrescentar. Talvez falte estímulo para apimentar suas produções. Eu mesma era básica e não sou mais. Continuo gostando de ter meus dias de jeans e camiseta, mas incrementar minhas produções faz bem para o meu dia a dia. Ao longo do tempo, podemos trocar conhecimentos, experimentar novas peças e novas formas de usar peças antigas. Isso rejuvenesce!

Ter um estilo básico não é problema. O problema é se esconder atrás de uma

repetição diária que faz a vida ficar desinteressante, porque nos faz desinteressantes para a vida. Não falo de fazer esforço para chamar atenção: falo de experimentar o novo para a vida não ser um esforço. Percebe a diferença? Estímulos visuais e novas informações podem dar ideias para sair do lugar-comum e começar a descobrir outra você dentro de você. São aliados contra a monotonia, o cansaço, o envelhecimento, até mesmo contra a tristeza. Roupa é renovação diária, é uma forma de olhar no espelho todo santo dia sem ver sempre a mesmíssima cara, as mesmas cores e formas. Moda é para tornar a vida mais divertida.

Mas ela normalmente nos é apresentada em reduzidas possibilidades. Cabe a você investigar outras portas e descobrir o que não está explícito. É aí que mora o estilo.

Usar o que dita a moda é fácil. Criar algo novo com os ingredientes que a moda nos dá é estilo.

NEM SEMPRE É BOM SABER O QUE OS OUTROS PENSAM

Uma das coisas mais importantes que você precisa entender na descoberta do seu estilo pessoal é que quanto mais você quiser parecer ser, menos será. A descoberta do estilo exige uma renúncia: fechar os olhos para o que os outros pensam.

Você só vai descobrir definitivamente o seu estilo quando virar as costas para as opiniões externas e aprender a se aceitar do jeito que é. Porque ao longo do tempo você poderá descobrir várias formas de ficar mais bonita, mas nenhuma delas será capaz de a satisfazer se você tiver a ânsia de mudar a sua natureza. Quando você se aceita como é, qualquer melhora externa é lucro.

Lembre-se: fora a inteligência, todo o resto é circunstancial. Tudo se vai com o tempo. Convivendo com você diariamente, experimentando, aprendendo a se ver de um jeito e de outro você aprende a ressaltar aquilo que é só seu. Descobrir seu próprio estilo dá trabalho. Mas pode ser um trabalho delicioso!

NAS ARARAS

HISTÓRIAS DE EXTINÇÃO E SOBREVIVÊNCIA

Diante do meu guarda-roupa, avisto um colete de renda, confeccionado para a minha formatura na faculdade em 1992. Ele é um vitorioso. Conseguiu sobreviver a muitas e muitas mudanças e novidades que me acenam todos os dias. Conseguiu se adaptar a tempos que mudam rapidamente. E continua firme, exercendo seu poder de persuasão sobre mim e conquistando seu lugar entre as escolhas diárias, entre tantas e tantas peças.

São sobreviventes as peças de roupa, sapatos e acessórios que permanecem em nosso armário por décadas. Resistiram a centenas de revistas mensais, com tendências que mudavam ao sabor das estações. Resistiram a um sem-número de novas coleções. Deram conta do tempo e seus desgastes. Permaneceram atuais numa época em que tudo muda rapidamente. Cada uma dessas peças veteranas comemora comigo algo que pode ser comparado a bodas: papel, algodão, quem sabe prata.

O mercado de moda do século XXI é um desafio cheio de paradoxos. A cada mês, a quantidade de novas peças colocadas no mercado para disputar a nossa escolha é absurda e assustadora. Em matéria publicada em março de 2019 no jornal *Valor Econômico*, a moda é apontada como o setor responsável por 10% das emissões globais de gases estufa, um número maior do que o produzido pela aviação e pelo transporte marítimo, juntos. São 500 mil toneladas de microfibras sintéticas liberadas nos oceanos a cada ano. Para produzir um único par de jeans, são necessários em torno de 4 mil litros d'água. A indústria têxtil é a segunda área da economia que mais consome água. E as pessoas têm usado, em média, 60% mais peças do que há 15 anos, sendo que cada item fica no armário por metade do tempo de antes. A cadeia da moda se tornou insustentável.

Por todos esses motivos, cada novidade no armário precisa ser também duradoura. Não se pode renovar o armário a cada estação – e não só por ser insustentável financeiramente. Estamos falando da sobrevivência do planeta. Entre um desejo e outro, a lucidez. A cada novidade, pausa para contemplar. Cada nova peça que vai habitar nosso armário precisa ser bem pensada. Mas nem sempre sobrevivem as peças em que mais apostamos. Em nossa coleção particular, descobrimos as zebras, os azarões. E esses pequenos resultados também falam muito de quem nos tornamos. ==A moda que escolhemos ajuda a contar nossa história.==

MEUS CLÁSSICOS PREDILETOS

Um clássico é aquela peça que merece o nosso amor verdadeiro. O resto é paixão: mais cedo ou mais tarde acaba. ==Como o meu coração é grande, amo uma extensa lista de peças.== São as que eu salvaria em caso de incêndio. Coincidência ou não, eu pegaria correndo aquelas cuja história provou que valem a pena: as que viveram guerras ou que nos emocionaram no cinema, por exemplo. Sim, porque, curiosamente, devemos a eles, cinema e guerra, uma boa parte dos clássicos do nosso guarda-roupa. Se os exércitos nos trouxeram algumas peças, as telonas ajudaram a lhes dar prestígio e colaboraram com outras. Conheça os clássicos que estrelam minhas principais cenas e algumas curiosidades sobre suas origens.

DO ARMÁRIO MASCULINO

CAMISA MASCULINA | Não se sabe exatamente quando a primeira mulher vestiu a roupa do namorado no dia seguinte. Mas até hoje a camisa masculina carrega essa aura de sensualidade, reforçada pelo cinema, em filmes como *Assim caminha a humanidade* (vestida por Liz Taylor) e *Pulp Fiction* (em que a camisa branca é eternizada por Uma Thurman). Adoro acrescentar colares bem femininos a uma camisa tipo masculina. Inventar um jeito de a gola interagir com o colar é sempre um recurso a ser explorado. Vale também virar a gola para dentro e criar uma gola-padre.

CAMISA POLO | Ela foi criada para se praticar polo. Mas só ganhou fama em 1933, quando René Lacoste, um campeão de tênis internacional, pediu a um amigo que desenhasse uma camisa de tricô de algodão de manga curta para se usar na quadra (antes, o tênis era praticado com desconfortáveis camisas de tecido de manga longa). Como o apelido de Lacoste era Le Crocodille, um pequeno crocodilo foi colocado do lado esquerdo – provavelmente a primeira vez em que um logotipo entrou do lado de fora da roupa. Você pode usar sua polo com sapato oxford, anunciando uma produção *preppy*, mas quebrando a expectativa com uma minissaia. Ou fazer sobreposições divertidas.

BLAZER | Da lista de furtos do guarda-roupa masculino, o blazer é o crime perfeito. Um camaleão que se dá bem em todos os ambientes, fica ainda mais bonito quando mesclado a peças com informações que o complementam: informais como o jeans; femininas como as saias; esportivas como uma *t-shirt*.

QUIMONO | Nas outras edições deste livro, o quimono não estava na minha lista de "clássicos" Mas eu seria muito injusta se não o colocasse agora, porque é uma das peças que mais me traduzem na atualidade. Desde que entrou no meu guarda-roupa, há mais de dez anos, o quimono nunca mais saiu. Quanto mais o tempo passa, mais ele combina comigo. Acho que, com o tempo, passei a focar o conforto da roupa, antes de qualquer coisa. E o quimono traz esse conforto com uma beleza única, concorda?

Originalmente, "Kimono" é a palavra japonesa que define roupa. Mais especificamente "coisa pra usar". Em outras palavras, roupa. É que no século XVI, quando os navegantes ocidentais chegaram lá, a comunicação era muito precária, claro. Eles apontavam para as roupas dos japoneses e perguntavam o que era aquilo, e eles simplesmente respondiam: "coisa para usar"

A história conta que isso que chamamos "kimono" surgiu no século VII, em formatos de túnicas ou conjuntos parecidos com os dos chineses. Mas a forma como o conhecemos hoje veio do período Heian (794-1192), quando uma nova técnica de confecção foi desenvolvida, envolvendo o corte de peças de tecido em linhas retas e a costura em uma peça única. Com essa técnica, o quimono poderia servir em vários tamanhos e formatos de corpo. Fáceis de usar e adequados para qualquer temperatura, podiam ser usados

em camadas para aquecer no inverno, ou ser feitos em tecidos leves, tornando-se confortáveis para o verão.

Com a história de usá-los em camadas, os japoneses começaram a desenvolver uma atenção especial às cores. Houve um tempo em que as cores do quimono falavam sobre os clãs e domínios feudais aos quais pertenciam seus donos.

A fabricação dos quimonos foi se sofisticando e se tornou uma verdadeira forma de arte. A peça ficou cada vez mais valiosa e os pais começaram a guardá-los para os filhos, como uma herança de família. Nos dias de hoje, os japoneses raramente usam quimonos no dia a dia, deixando-os para ocasiões como casamentos, funerais e outras cerimônias.

==E lá vai a guerra de novo contribuir para o mundo da moda:== o traje só se popularizou do lado de cá a partir da Segunda Guerra Mundial, quando os soldados americanos que lutaram no Japão trouxeram quimonos para suas esposas e namoradas. Assim ele se transformou no "nosso" quimono, que é lindo e confortável e traz aquele ar amplo e esvoaçante que deixa qualquer produção mais sofisticada.

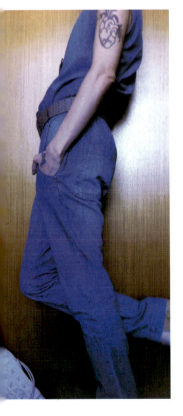

MACACÃO | Ele nasceu no final do século XVIII, feito em algodão resistente ou em linho. Mas foi no início do século XX que começou a ser usado como uma roupa de proteção para mecânicos nos EUA. O uniforme de trabalho para pedreiros e carpinteiros começou a ser usado pelas mulheres na Primeira Guerra, quando as mulheres precisaram assumir postos de trabalho, enquanto seus pais, maridos ou irmãos estavam nos campos de batalha. Em 1914, a Lee fez macacões femininos em tecidos cáqui. Em pouco tempo, a Levi's seguiu a moda. Por volta de 1930, começou a ser usado como roupa infantil, depois popularizou-se entre alguns atletas. Nos anos 60, ele se tornou ícone de moda, inicialmente como adaptação à prática de esqui e, depois, como roupa casual e confortável. Entre os jovens americanos dos anos 70, as jardineiras utilitárias em jeans das marcas americanas Lee e Levi's foram muito populares, e foi nessa época que o macacão passou a ser reformulado e reinterpretado, em tecidos mais leves, em versões para a noite, mais curtos ou com uma sainha na parte de baixo. Interessante como ele veio pra ficar e, quem diria, chegou a assumir seu papel em produções sofisticadas, acompanhado de um belo salto e acessórios finos. Eu adoro os mais soltinhos, que colocam o conforto lado a lado com o estilo.

JAQUETA DE MOTOCICLISTA | Feita de couro para proteger o motoqueiro do frio, vento e chuva, a jaqueta nomeada como *perfecto* foi criada em 1928 e era distribuída pelas lojas Harley Davidson por menos de dez dólares. A peça ganhou prestígio vinte anos depois, com o fim da Segunda Guerra, quando os pilotos de caça e tripulantes de bombardeiros voltaram para casa trazendo seu gosto por velocidade. A cultura motociclista decolou nos Estados Unidos, e a jaqueta voou junto, tornando-se uma febre e passando a ser atualizada ao longo dos anos. Na década de 1970, a namorada de Sid Vicious, do Sex Pistols, deixou sua *perfecto* ainda mais transgressora pregando tachas na gola e nos punhos e rabiscando nela frases de conteúdo político. A moda não para de fazer suas releituras, geralmente mantendo a essência da jaqueta original, como a barra acinturada. Nascida rebelde e transgressora, hoje ela vai a festas chiques. Experimente coordená-la com vestidos curtos ou longos de tecidos delicados. A brincadeira tira a produção do romântico previsível e insere um quê de agressividade que resulta numa mistura bem dosada e interessante.

OXFORD | O sapatinho fechado de amarrar, que surgiu na Inglaterra por volta de 1640, ficou muito popular entre os estudantes da Universidade de Oxford. Ele ganhou o simpático nome e, mais tarde, as passarelas. O discreto e bem-comportado sapatinho é confortável e combina com tudo, dá um toque *à la garçon* e personalidade à produção. Use com jeans dobrado na barra ou calças mais curtas. Experimente combiná-lo com vestidos mais femininos.

SLIPPER | Nem tão bonequinha quanto uma sapatilha, nem tão masculino quanto um mocassim. O *slipper* não é nenhum dos dois, mas consegue trazer o melhor dos dois mundos para um único sapato: o conforto da sapatilha com o charme do mocassim, o ar andrógeno do mocassim com a graça da sapatilha. O resultado é moderno e conquista as que não têm medo de se arriscar. Com vestidos pouco acima do joelho, rejuvenesce sem cair no ridículo. Com a charmosa calça seca e ligeiramente mais curta, traz o look dos anos 1950 e 1960 para o século XXI. Com um short, deixa a produção mais despojada e com um perfume *navy*, sem cair no clichê do mocassim. No meu armário, ele promete ficar por muito tempo. Um sapato com muita personalidade, para você acrescentar um pouco da sua.

DAS GUERRAS E OUTRAS BATALHAS

T-SHIRT | A camiseta em formato de T surgiu no século XIX, usada como peça íntima para aquecer o corpo. Na Primeira Guerra, os soldados norte-americanos invejaram os europeus, que usavam a mesma camiseta, mas em algodão, mais confortável por absorver a transpiração com mais eficiência. Os norte-americanos levaram suas *t-shirts* para casa e depois foram os responsáveis por popularizar a peça no cinema e na TV. James Dean e Marlon Brando usaram a *t-shirt* sem a camisa por cima, chocando uma parte da população: era o que faltava para lançar moda. Com o tempo, a peça só foi ganhando mais espaço. A boa e velha *t-shirt* branca vai bem com peças de alfaiataria, frequentando até mesmo ambientes mais formais e sofisticados. Sem fazer distinção de sexo, cor, idade ou tipo físico, ela é patrimônio do vestuário mundial há décadas. O movimento hippie sofisticou as técnicas de tingimento, a era do *rock'n' roll* aumentou seu charme e os movimentos políticos ampliaram seu espírito democrático. Carregando frases bem-humoradas ou de protesto, a famosa *t-shirt* é ponto em comum entre pessoas do mundo todo. O bebê que acaba de nascer já pode usar a sua. Das diversas peças do nosso guarda-roupa, a *t-shirt* é o que vestimos sem pensar, para dormir ou acordar. Não há tendência, frio ou calor que a derrube. No meu guarda-roupa, uma *t-shirt* branca tem *status* de estrela: combino com peças mais nobres, como uma saia lápis ou um terno. Ou faço a velha combinação jeans e camiseta, inovando no sapato e nos acessórios. Basta um maxicolar mais sofisticado para fazer uma camiseta branca entrar com classe em uma ocasião formal.

CARDIGÃ MASCULINO | Ele nasceu em 1854, durante a guerra da Crimeia, quando o conde Cardigan o usou por baixo do uniforme, como um aquecimento extra. Como outras peças de combate incorporadas ao *closet* masculino, não demorou para ser tomada pelas mulheres. Hoje a peça tem sua versão feminina, que aquece com delicadeza, podendo ser usada por baixo de *blazers* ou outros casacos mais pesados. Mas você não precisa se dar ao trabalho de comprar o seu: roube do armário do seu avô, pai, marido ou namorado – só não é bonito roubar da loja – e use por cima de uma camiseta básica, arrematando com um cinto fino. Mais uma coisa que só o armário deles faz por você.

CALÇA CHINO OU CÁQUI | Com o fim da Segunda Guerra, milhões de exemplares de calças sobraram dos uniformes do exército norte-americano e começaram a ser consumidas principalmente pelos adolescentes. Não por acaso, a cor oficial dos uniformes dos exércitos britânico e norte-americano era o cáqui, que em hindu quer dizer "cor de terra". Eram calças funcionais (com vários bolsos) e em um tecido mais macio que o denim – perfeitas para dar origem ao visual *preppy*: casual, confortável, mas ao mesmo tempo elegante. Não demorou para as mulheres adotarem o visual também. Hoje, a calça chino (que levou esse nome por causa do tecido usado inicialmente) é um clássico curinga, capaz de ficar sensual se acompanhada de uma sandália gladiador de salto e uma camiseta de seda, ou pronta para reuniões de trabalho se combinada à boa e velha camisa branca. Uma calça chino na cor cáqui é uma alternativa sempre à mão para aqueles dias em que você não sabe com o que combinar a parte de cima. Se ela pode fazer tanto por você em dias em que faltar criatividade, imagine quando você estiver muito criativa.

TRENCH COAT | Não sei o que veio primeiro: minha fascinação pelo *trench coat* ou minha paixão por sua história. A sinopse: "Um casaco idealizado para as trincheiras vai à guerra e torna-se imortal". Criado pela marca inglesa Burberry para ser o uniforme oficial do seu maior cliente durante a Primeira Guerra – o exército inglês –, o *trench coat* é claramente funcional em cada detalhe: feito de gabardina para resistir à chuva, comprido o suficiente para que a água não entrasse nas botas dos soldados, com abotoamento transpassado e uma faixa nos punhos, passando por presilhas, que pode ser apertada quando chove. Com o fim do conflito, meio milhão de soldados voltaram para casa e adotaram versões simplificadas do *trench coat* no dia a dia. Nos anos 1930, a peça ganhou as telas dos cinemas. Em 1931, o lançamento da história em quadrinhos *Dick Tracy* ajudou a associar o casaco aos detetives. Em 1942, Humphrey Bogart usou a peça no icônico filme *Casablanca*. Na década de 1950, os estilistas deram aos *trenchs* linhas mais femininas, com proporções enxutas e cortes clássicos. Depois exploraram outros materiais, como lona, tricô e veludo. Nos anos 1970, a versão de couro ganhou força. No final dos anos 1990, a Calvin Klein reviveu o clássico, em versões mais sensuais. Você poderá dizer que a peça tem lugar especial no guarda-roupa feminino por ser tão democrática e ter tanta história para contar. Mas não é preciso saber nada sobre ela para usar e se apaixonar. Basta uma visita a uma loja Burberry para entender (e compartilhar) a minha paixão pelo *trench*. Corte e acabamento impecáveis fazem

dele um sucesso, sendo que um de seus alicerces são as releituras constantes do casaco de trincheira que sobreviveu à guerra para ter entrada cativa em qualquer ocasião ou lugar do mundo. Com o que combinar? Com tudo. Até porque com um *trench coat* por cima da roupa você está pronta. Nem importa o que você estará usando por baixo. Botas, escarpins, sandálias de salto, sapatilhas. O *trench* está preparado para tudo. E quem disse que ele só pode ser usado no inverno? Se for de um tecido mais leve, ganha o verão e aplausos. Você pode usar como vestido numa noite mais fresquinha de verão, quem sabe até com um cinto mais rústico. Ou pode deixá-lo aberto por cima de um short jeans com camiseta. O *trench coat* sempre vai ter seu lugar ao sol.

VESTIDO SAFÁRI | A ideia nasceu da coleção Saharienne, criada pelo estilista francês Yves Saint Laurent em 1968. Inspirado em camisas e bermudas cáqui tradicionais, o vestido safári tem detalhes como bolsos e botões típicos das roupas de safári. O resultado pode ser casual, se você aliar a peças como sapatilha, um tênis All Star, botas. Mas experimente escarpins vermelhos ou sandálias de salto para passar de caçadora a caça.

DA CABEÇA PRIVILEGIADA DE GABRIELLE COCO CHANEL

O PRETINHO BÁSICO | De "vestida para chorar" a "vestida para matar". Já era um hábito feminino ter o seu vestido preto no armário quando Chanel deu mais notoriedade à peça. No entanto, foi depois disso que ele se tornou uma peça de moda. Sábia o suficiente para entender que a cor costuma ficar bem em todas as mulheres, Chanel foi persistente e tirou o preto do luto, mesmo sob protestos. Com o tempo, provou que estava certa. Alvo de constantes releituras, o pretinho básico foi eternizado por Audrey Hepburn, no filme *Bonequinha de luxo*, em vários modelos feitos por Givenchy. Desde então, ele vai a todos os eventos sem constrangimento. E, apesar de parecer básico, pode sair do lugar-comum se acompanhado de um acessório especial – um vestido preto parece ter sido feito para ressaltar um belo colar ou par de brincos. Confere sensualidade sem precisar recorrer a comprimentos muito curtos, fendas ou decotes constrangedores. A seda faz de um pretinho-camisola um dos trajes mais sensuais do mundo. Tecidos com texturas e trabalhos rendados fazem os pretinhos mais sofisticados. Use-o com "o salto" para que ele se torne "o preto". Ou surpreenda e use com sapatilha, para inverter as expectativas. Com um bom pretinho de corte clássico, sapatos e bolsa bem escolhidos, você faz bonito em todo lugar. Vale investir em um (ou vários) para estar sempre bem servida. Gosto de ter no armário duas variações do pretinho básico: um vestido vermelho e um vestido branco, que também podem resultar em boas produções sem muito esforço, desde que bem acompanhadas por sapatos e acessórios.

COLAR DE PÉROLAS | De preferência, falsas. Ou usadas como se fossem. O importante é não se deslumbrar com elas para ser capaz de usá-las com as peças mais simples como regata, *t-shirt* ou até mesmo uma jaqueta jeans.

CAMISA LISTRADA ESTILO MARINHEIRO | Com listras horizontais, manga longa e decote canoa. Picasso, Jean Paul Gaultier e Brigitte Bardot tinham as suas. O que já é suficiente para você entender o poder da peça no seu armário.

DA NECESSIDADE

CALÇA JEANS | Uma sarja feita para velas de barcos usada como uniforme por marinheiros no século XVII. Essa é a verdadeira origem do jeans, cujo surgimento envolve vários países, prenunciando sua vocação para conquistar o mundo. Pois a sarja usada pelos marinheiros de Gênova, na Itália, era produzida em uma cidade francesa chamada Nîmes. Naturalmente, em francês era chamada *serge de Nîmes*, resultando no que dá nome ao tecido até hoje: denim. No século XIX, época da descoberta do ouro na Califórnia, o alemão Loeb Straub foi para São Francisco levando um grande estoque de um outro tecido, o canvas, que ele imaginava ser útil para montar tendas para as minerações. Sem conseguir demanda para o tecido, procurou outra aplicação para o produto. Foi aí que ele cometeu a ousadia de confeccionar roupas de trabalho com a lona, criando um traje mais durável para os mineradores. E o tecido que ele imaginara para tendas, ainda no tom amarelado, foi o embrião da calça mais vendida na história. Em 1860, já com seu nome mudado para Levi Strauss, bem estabelecido em seus negócios e naturalizado norte-americano, com dificuldades para obter o canvas, que era preciso importar, começou a produzir uma calça com suspensório em denim azul-escuro, que por sua vez era produzido em uma fábrica de New Hampshire. Algum tempo depois, com a ajuda do alfaiate Jacob Davis, Levi passou a utilizar rebites e reforçar os pontos críticos das calças, tornando-as mais duráveis e resistentes ao peso das ferramentas. O sucesso de vendas foi tão grande que em 1873 Strauss decidiu patentear o produto – exatamente o modelo 501 da Levi's, vendido até hoje. No século XX, com a influência de James Dean e Marlon Brando no filme *Juventude transviada*, o jeans passou a ser utilizado no dia a dia. Levi Strauss morreu em 1902, deixando sua marca Levi Strauss and Company para os sobrinhos. Mas o jeans nunca esteve tão vivo. Curiosidade: para provar que sua calça era muito resistente, Levi amarrou as pernas dessa calça a dois cavalos, cada um puxando para um lado diferente. Essa é a imagem que você vê até hoje na etiqueta de uma calça Levi's. Anos mais tarde, a Lee faria o mesmo, mas com dois elefantes, para provar que sua calça era ainda mais forte. Essas e outras curiosidades eu aprendi com José Gayegos, estilista e consultor de moda paulistano, um dos caras que mais entendem de vestuário no Brasil.

Democrático, contemporâneo e em constante transformação, o jeans parece ter bebido na tal fonte da juventude: quanto mais o tempo passa, mais atual fica. Do mesmo modo que é um ponto em comum entre pessoas tão diferentes, o tecido tem na individualidade

a sua essência: para cada jeans, um corpo, uma história, uma trajetória própria e única. A melhor marca? A sua. Saia em busca do seu jeans ideal como um órfão que procura a mãe verdadeira. Não importa onde ele vai estar – pode ser que esteja numa loja básica e barata. Teste todas até encontrar a sua calça jeans. Ou as suas. E lembre-se: 1% de *stretch* na composição faz 100% de diferença.

DO SENSO PRÁTICO

CINTOS DE ELÁSTICO | Tenha vários, de diversas cores e espessuras. Eles fazem milagres por uma produção. Mudam a cara de um vestido, ajustam uma camisa para que ela se torne outra, criam cintura onde não existia uma. E cabem em qualquer canto da bolsa ou da mala.

VESTIDO ENVELOPE | Uma só peça de malha com um cinto, em uma silhueta que lembra um roupão – fácil de vestir e ainda mais fácil de tirar. Prático e ao mesmo tempo desejável, ele surgiu num momento em que as mulheres estavam mais confiantes e ousadas. Criado pela estilista belga Diane von Furstenberg em 1973, o vestido envelope é resultado da busca por um corte sem fechos que valorizasse a cintura feminina. Em sua primeira semana de lançamento, a grife de Diane vendeu 25 mil peças. E estima-se que mais 5 milhões foram vendidos ao longo dos anos. Um molde simples e revolucionário, que colocou Diane como a nova líder da libertação feminina e a marca mais vendida desde Coco Chanel. O *wrap dress* foi para a coleção do Museu Metropolitano de Arte como um marco de influência na moda feminina: simples, sensual, democrático, fica bem em mulheres de todas as idades. O corte, que acintura de forma confortável e cria um decote em V, costuma favorecer a maior parte dos biótipos, pois ajuda a causar a sensação de ampulheta. O comprimento costuma ser no joelho ou abaixo dele, o que ajuda a torná-lo um clássico. Por esses atributos, o vestido envelope entrou definitivamente para a história e para o nosso guarda-roupa. Escolha os feitos em jérsei (como o original) ou em malha de excelente qualidade. E aproveite para colocá-lo na mala na hora de viajar – o jérsei não amarrota e ele já é produção pronta: basta acrescentar um salto alto ou até uma sapatilha bem feminina.

VESTIDO CAMISA | Um belo dia alguém resolveu fazer uma camisa de comprimento maior, e o resultado foi esse nosso bom companheiro do dia a dia. Parente próximo do vestido envelope pela praticidade, o *chémise* é versátil e prático. E charmoso. E lindo. Use com sapatilha, salto alto, com ou sem cinto, por baixo de casacos ou *trench coats* e até como um casaco sobre peças mais leves. E aproveite a sua simplicidade para abusar dos acessórios.

DO ESPORTE

CASACO ADIDAS ESPORTIVO | Feito para caminhar ou correr – de preferência na cidade, acompanhando, se possível, peças mais formais. Nesse contexto o casaco esportivo ganha muito mais charme.

TÊNIS CONVERSE | Criado para jogar basquete, ganhou fama quando eleito pelos Beach Boys, por James Dean e Elvis Presley. As cores diferentes surgiram nos anos 1960, e desde então o All Star não saiu da estrada. Confortável e delicado, fica lindo com tudo. Quase tão popular quanto o jeans e a *t-shirt*. Sugiro usá-lo para quebrar o gelo de uma produção, na mesma lógica do casaco Adidas.

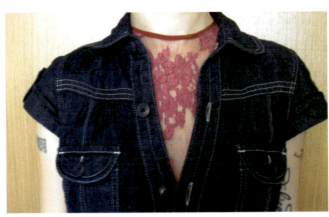

DO PASSADO

BROCHE DE BRECHÓ | Ou da caixinha de joias da sua avó. Que aparente a idade – seu maior valor. Um curinga e tanto para diminuir aquele decote, enfeitar o bolso de uma jaqueta, dar vida a uma camisa básica, fechar um lenço no pescoço e até para deixar sua bolsa mais divertida.

ROUPA COM HISTÓRIA | Peças *vintage* têm a vantagem da exclusividade, além de poderem ser da melhor marca sem custar uma fortuna. Cultive as suas como se fossem animais de estimação. Elas podem ser herdadas de alguém que você ama muito ou achadas num brechó em uma viagem inesquecível. Herdei um lenço da minha mãe que mais tarde foi transformado em blusa por minha avó paterna. São duas lembranças afetivas em apenas uma peça. A cada vez que uso, levo as duas comigo.

DAS BONECAS

CALÇA CIGARRETE. OU CAPRI. OU CROPPED! O NOME IMPORTA POUCO | Para não deixar dúvida, me refiro à calça ajustada, de boca afunilada, ligeiramente mais curta ou com barra rente ao tornozelo. Gosto da imagem de Audrey Hepburn usando esse tipo de calça, acompanhada de suéter de gola rulê ou blusa sequinha, e sapatilha. Um visual clássico, limpo, atemporal e muito feminino. Com uma modelagem justa, mas nem tanto, e comprimento suficiente para aparecer o sapato, combina com camisa polo, camisa masculina, tricô, cardigã, sapato oxford, sapatilha, escarpim, sandália baixa, sandália alta e até uma boa plataforma. Ou seja, combina com tudo. O que eu mais gosto da calça cigarrete é que ela parece ter atualidade incluída na modelagem.

SAPATILHA | Em 1944, a estilista Claire McCardell encomendou sapatos de balé que pudessem ser usados nas ruas. As sapatilhas exigiam pouco material para sua produção e acabaram agradando aos *designers* durante os tempos austeros de guerra. Brigitte Bardot também colaborou para o sucesso do modelo – antes de ser atriz, ela era bailarina. Prestes a estrelar o filme *E Deus criou a mulher*, em 1956, Bardot pediu a Madame Repetto que fizesse um par de sapatilhas para que ela usasse na lendária cena de mambo. O filme fez sucesso e, com ele, as sapatilhas vermelhas Repetto. Um ano depois, Audrey Hepburn usou as suas no filme *Cinderela em Paris*. E esses modelos da marca são sucesso de vendas até hoje.

FETICHES

VESTIDO ACINTURADO ESTILO NEW LOOK | O clima era de pós-guerra. Quando todo mundo esperava por simplicidade e conforto, o estilista Christian Dior propôs o luxo e a feminilidade levados ao pé da letra apresentando a coleção batizada de New Look pela redatora da revista *Harper's Bazaar* norte-americana: saias amplas quase até os tornozelos, cinturas bem marcadas e ombros naturais. Era a volta da mulher feminina e elegante, bem ao contrário da moda prática de Chanel. A imagem define o padrão dos anos 1950. O *look* foi copiado por mulheres do mundo inteiro e é emblemático até hoje. Eu tenho o New Look guardado no coração e adoro qualquer produção que lembre um pouco esse *shape*. A saia rodada com cinturinha de vespa tem lugar cativo em nossos corações, e sempre vai encontrar espaço naqueles dias em que a gente acorda muito mulherzinha. Acrescente uma sapatilha ou um escarpim de salto médio.

SAIA LÁPIS | A palavra é *poder*. Vestir uma saia lápis é como tomar um banho de autoconfiança. À plateia, a sensação é confusa: a saia mostra, mas não mostra as pernas, impondo um caminhar mais lento e cuidadoso. Alonga a silhueta, deixando a mulher mais

feminina e, ao mesmo tempo, mais decidida. Use a sua com um salto bem alto, mas se dê o direito de inverter as expectativas brincando com as proporções: arrisque uma sapatilha. Lembre-se, ela é poderosa, não vulgar: não deve ser muito justa e deve ter uma fenda para ajudar a caminhar.

LINGERIE DE RENDA OU DE SEDA | Para vestir a autoestima com dignidade, nada melhor que uma lingerie bem escolhida. Pode ser um segredo seu, mas faz a diferença em como você se sente. Resultado: você fica mais bonita.

SALTO AGULHA | Tão alto que exerce um poder inexplicável em quem o usa, em quem o vê e até em quem deseja usar. Sua fama se fez depois da Segunda Guerra Mundial, quando Roger Vivier inseriu uma fina vareta de aço dentro do salto e o nomeou de Stilleto. O salto agulha causa um efeito visual que alonga e afina as pernas, enfatizando quadris e busto para literalmente deixar a plateia paralisada. Até porque é uma arma em potencial! É o tipo de peça para ser sempre usada, mas com menor frequência. Ou o recurso perde o efeito.

DO PARAÍSO

VESTIDO LINHA A | É um curinga que sempre vai valorizar sua silhueta, esteja ela como estiver.

COLAR DE PERSONALIDADE | O melhor amigo da mulher, principalmente em viagens: um grande e marcante colar multiplica as peças da mala, ajudando a criar ilusões de muitos *looks*. Combine-o com peças simples e limpas ou adote de vez o visual "barroco maximalista". Só não fique no meio do caminho.

BRINCOS STATEMENT | Grandes, presentes, imponentes e com uma nobreza próxima às joias (mesmo que não sejam), são aqueles brincos inspirados nos lustres e seus pingentes, que dizem "Cheguei!" sem deixar dúvidas. Vista-se com eles e (quase) nada mais. Feitos para serem usados em produções limpas, de preferência com cabelos presos. Costanza Pascolato é a melhor referência no assunto. Basta clicar no Imagens do Google e se inspirar.

LENÇOS | Quando eu era pequena, associava lenços a senhoras de idade. Eu via minha mãe voltando do salão de bobes no cabelo e um lenço amarrado em cima, como um *black power* revisitado. Com aquele volume esquisito, ela frequentava o supermercado. Ao chegar lá, encontrava dezenas de donas de casa usando o mesmo ornamento, provando que bobes e supermercado combinavam muito bem. E ali elas conversavam, com suas cabeças enormes, muitas vezes ornadas também por descomunais óculos de grau, nem quadrados, nem redondos. Assim elas falavam da vida doméstica, do preço do tomate, da escola das crianças. Passei um bom tempo longe dos lenços para me esquecer dessas imagens a que eles sempre me remetiam. Mas foi minha avó, com sua elegância e seus 90 anos, que me mostrou na prática o quanto um lenço poderia tirar a monotonia de uma roupa e tornar uma produção elegante. Ainda assim mantive-me afastada deles, convencida de que não combinavam com o meu jeitão básico. Faz alguns anos que passei a incluir lenços no meu guarda-roupa. Sucesso. Posso estar de jeans e camiseta que a presença do acessório me remete a outro patamar. A brincadeira ficou mais divertida quando uma amiga me mandou um manual de uso versátil de lenços, elaborado pela grife francesa Hermès,

famosa por seus lenços antológicos e desejados. Como pode ser versátil aquele pedaço de tecido inocente e despretensioso. E boa notícia: lenços são clássicos, nunca saem de moda. Um bom exemplar pode ser usado no pescoço de dezenas de formas diferentes, na cabeça, amarrado na bolsa, nos punhos e até como blusa, saia ou vestido, dependendo da amarração e do tamanho do tecido. Basta uma boa seda e uma feliz combinação de cores para criar estampas as mais variadas, que fazem dos lenços verdadeiros curingas para tirar um visual do sério ou dar uma cor a uma produção básica. Outra boa notícia: não precisa ser um lenço Hermès. Em um bom brechó você pode achar exemplares fabulosos por preços melhores ainda.

SANDÁLIA DE CALCANHAR FECHADO | Tem coisa mais fina? O calcanhar está longe de ser a melhor parte do seu corpo para ser exibida. Gosto de fazer a gentileza de esconder os meus, sempre que possível.

MEIA-CALÇA PRETA FIO 80 | Transforma qualquer produção de verão em um visual invernal. Alonga as pernas, torna o curtíssimo possível e ainda pode ser usado de um jeito surpreendente: com calça curta e escarpim.

PEÇAS DE RENDA | Outro dia vi uma manchete dizendo que a renda está de volta – e eu nem sabia que ela havia ido embora. Renda é sinônimo de beleza há alguns séculos. Foi Catarina de Médici que introduziu o uso do tecido na corte francesa, e isso causou um consumo tão exagerado que os custos de importação praticamente esvaziaram os cofres do país. Resultado: o rei decretou a proibição do uso da renda até que o país aprendesse a produzi-la. No século XIX, caiu a popularidade da renda, que ficou associada à confecção de lingerie. Mas o tecido rendado nunca desapareceu por completo, nem que fosse para dar o ar da graça em vestidos de noivas e debutantes. No inverno de 2008, a Prada usou a renda em sua coleção, reverenciando o produto cuja carga fetichista se mistura a romantismo e nobreza. A marca brincou entre o sexy e o recatado, criando uma imagem que mistura a elegância sóbria a uma aura muito feminina. Hoje, é quase uma ofensa chamá-la de tendência, pois ela nunca saiu de moda de fato. Enquanto insinua pela transparência, dignifica por suas tramas sofisticadas. Uma boa peça de renda no guarda-roupa não precisa ser tirada de lá, até porque vai se dar bem com a maioria das outras peças do armário. Mais um clássico que está acima de qualquer modismo.

ONÇAS E OUTROS BICHOS | Não sei quando se deu a virada de gata borralheira para princesa, mas a história da oncinha parece mesmo um conto de fadas. Durante muito tempo a estampa (e todas as suas primas do segmento *animal print*) era considerada vulgar e exagerada – falava mal de quem a usava, que emprestava ares de perua à mulher, graças à forma como era usada: decotes profundos e curvas insinuantes tornavam o conjunto exagerado. Mulheres "amigas da oncinha" estavam textualmente confessando sua reputação. Mas, um belo dia, uma fada veio encantar a tal estampa e coloriu seu mundo de cor-de-rosa – literalmente. Habilidosa e visionária, descobriu que o potencial *kitsch* da oncinha era, na verdade, uma grande vocação para se tornar um clássico. O problema era que ela andava em más companhias. Até então ninguém a tinha levado para jantar num restaurante francês. E surgiu a oncinha chique, menos selvagem e mais urbana. Aprendeu a falar várias línguas, teve aulas de etiqueta e fez compras em boas lojas. Hoje, ela frequenta as altas rodas sem maiores constrangimentos. Vive lado a lado com o vermelho, o rosa e o azul-turquesa. Comporta-se como uma autêntica dama, chegando a fazer pensar que sempre soube que era de ascendência nobre, mas havia se perdido da família. E assim a oncinha salvou-se definitivamente da extinção. Esperta, chamou seus amigos: outras estampas de bichos passaram a ter livre acesso à elite, ganhando o título de padronagens, como o xadrez, o listrado ou os poás. Desenhos de peles de onças, zebras, leopardos, girafas e cobras começaram a ser aplicados em sapatilhas bem ao estilo bonequinha, forros de vestidos acinturados, boleros, lenços, bolsas e outras peças com auras mais doces e inocentes. Hoje, tiram a monotonia do jeans, dos *looks* em preto total, e ainda casam perfeitamente com cores quentes e fortes. Palmas para a mãe natureza, que nos mínimos detalhes mostra que é uma grande professora de estilo.

BRINQUE DE COLORIR
AMPLIE SUAS PALETAS

Você é do tempo da bonina? Pois essa era a minha cor predileta na caixa de lápis de cor. O que teria acontecido com a cor? Sumiu da paleta? Ninguém mais consegue fazer a mistura? Se você tiver menos de 40 anos, talvez nunca tenha ouvido essa palavra. Pois a bonina mudou de nome, foi chamada de fúcsia por um tempo, depois foi confundida com um rosa-choque qualquer. Aliás, a cor rosa-choque, presente na letra de Rita Lee, é termo pouco recomendado para quem não quer entregar a idade.

Se existe algo que muda na moda são as cores. Não os tons, mas seus nomes. Como as marcas não podem se apropriar das paletas, passam a inventar nomes novos para as mesmas cores de sempre, numa atitude poética para conquistar os consumidores. Chega uma nova estação e o creme vira baunilha, marfim, chantili, para depois ser vulgarmente chamado apenas pelo que não é: *off-white*. O rosa vira orquídea. Se for mais seco, vira *nude*. O bege atende pelo nome de camelo. O verde-limão é o *limone* de amanhã. O verde-água ganha essência de hortelã e vira *mint green*. O azul agora é *klein*, depois vai mudando de nome ao sabor do vento. Ou da chuva. E quando chove, o verde é vivo. Mas ainda tem o oliva e o pistache. O rosa tem sabor de *tutti frutti*, o azul pode ser anil. E o resultado é a gente vestindo uma saia chantili com uma blusa *tutti frutti* e um sapato pistache. Tudo para fazer a moda dar água na boca. A escala pode até ter limites, mas o repertório de nomes, não. Só uma coisa não muda: brincar com as cores continua sendo um dos grandes exercícios de estilo.

Muita gente me pergunta quais são as regras da combinação de cores na hora de se vestir. Como se a moda fosse uma ciência exata, e a escolha das cores, uma equação. Minha resposta vem do meu não aprendizado: quando crianças, combinar cores é uma atitude natural. Crescidos, passamos a dar ao olhar do outro maior importância que ao nosso. ==E é nas regras do certo e do errado que nos perdemos.== Revelar a sensibilidade que mora em cada um de nós é voltar ao trivial: retomar contato com os estímulos primitivos, sem cálculos ou proibições.

Combinar cores torna-se simples quando retomamos o prazer de experimentar e brincar com elas. Não há como enquadrar em leis o gosto pela descoberta. Se houver uma regra, é a de não racionalizar. Voltar ao que sempre soubemos, mas de que nos perdemos – por pura preguiça.

Quer saber se uma cor combina com a outra? Observe a natureza. E mesmo que você não tenha uma boa memória, vai ser fácil visualizar cores de flores ou asas de borboletas, de um céu cinzento cobrindo um mar azul-claro, de campos verdes lotados de vacas em preto e branco. Essas lembranças visuais estarão guardadas em seu coração. ==Vista-se como quem sente.== Desligue o raciocínio e ligue o afeto. Olhe para cada cor como se fosse a primeira vez. E permita-se pensar em (aparentemente) novas possibilidades.

> Como os bebês, as cores nascem com as carinhas de sempre, mas os nomes são um reflexo de sua época.

CINZA | Está aí uma cor que não tem o seu talento devidamente reconhecido. Muitas vezes associada ao baixo-astral, o cinza ainda é pouco explorado porque continua sofrendo preconceitos. Mas quem se permite experimentar a cor descobre um grande aliado. Por ser mais claro que o preto, ele combina com todas as outras cores – e o resultado é mais harmônico. Isoladamente, sugere um estilo elegante e misterioso. E bastam suas variações de tons para que ele se adeque a todo tipo de situação. O cinza é o perfeito cavalheiro: ao lado de cores mais fortes, age como um gentil coadjuvante, ajudando a ressaltá-las. Não desbota como o preto e causa boa impressão em todas as ocasiões, seja dia ou seja noite. Quando o cinza passa a fazer parte do seu guarda-roupa, é difícil abrir mão dele.

AMARELO | "O que seria do amarelo se não fosse o mau gosto?" dizia a minha mãe. A frase poderia ter como alvo cores diferentes, dependendo da época – afinal, assim é a moda. Mas a referência de cor é marcante. Cresci enxergando o amarelo como uma cor menor. E por muito tempo ela não entrou no meu armário. Passaram-se os anos e hoje o amarelo vivo está presente no meu guarda-roupa. A moda tem esta virtude: nos ajuda a ver as coisas de outra forma. A cor não deixa dúvida: tem personalidade e presença. Faz bonito em produções monocromáticas ou combinada a outras cores fortes. Com o branco, faz uma combinação delicada, afastando a aura marginal que carregou por muito tempo. Com o prata, surpreende e revela sua verdadeira vocação para produções sofisticadas. Com um pouco mais de personalidade, você pode abusar de companhias como o vermelho ou azul, cores fortes e primárias – o que nos remete ao recurso do *color blocking*. Eu já era fã da soma de blocos de cores fortes muito antes de ela acontecer "oficialmente" como tendência. Tomar peças de cores diferentes para fazer um conjunto surpreendente sempre teve um efeito interessante. O segredo é sentir as cores para combiná-las de um jeito harmônico. Não gosto de pensar que existem regras, e sim de usar meu gosto e minha intuição para fazer as combinações, deixando que o humor do dia contribua para a composição. Duas dicas que funcionam: usar o branco para suavizar misturas muito fortes e evitar mesclar mais de três tons.

PRETO E BRANCO | Sempre uma combinação popular, desde muito antes do surgimento da TV em cores.

PRETO, BRANCO E VERMELHO | Juntas, formam provavelmente a mais fácil, óbvia e bem-vinda combinação. Quem questionará três clássicos reunidos? Separadas, essas três cores são a companhia dos sonhos de todas as outras. Não há quem não queira fazer par com elas.

PRETO, BRANCO E BEGE | Idem!

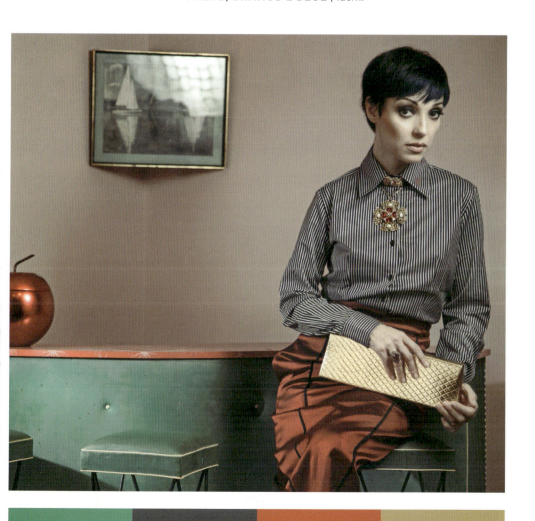

AZUL-MARINHO COM PRETO | Alguém já pensou nisso antes de você: o estilista Yves Saint Laurent, que colocou a combinação no topo da lista dos inusitados chiques. Vá em frente!

OFF-WHITE | O *off-white* está para o branco assim como o cinza está para o preto. Ele leva o branco no nome porque traz, sim, muitas de suas vantagens. Mas, por não ser totalmente branco, deixa para trás alguns defeitos da cor: suja menos e encaixa-se mais confortavelmente nas combinações. O branco é perfeito demais para a vida real. O *off-white* tem aquela porção de humanidade que faltava. E eu realmente não saberia chamá-lo por outro nome.

NUDE | Para você ver como são as coisas: o antigo "cor da pele" encontrado nas lingeries passou a atender por *nude*. Para alcançar esse sucesso todo ele tinha mesmo que mudar de nome, pois o seu passado fazendo as roupas íntimas mais desinteressantes da história da humanidade o condenaria em poucos segundos. Importante ressaltar que o novo nome é tão excludente quanto o anterior, pois desconsidera os inúmeros tons de pele existentes. O fato é que, disfarçado de cor nova, o nude conquistou de novo o mundo feminino, frequentando até mesmo o tapete vermelho. A estratégia deu certo, e a forma de enxergar a cor mudou. Se antes uma mulher não gostava de vestir algo em um tom próximo ao da sua pele, hoje ela aproveita o recurso para transmitir bom gosto e discrição. Aparentemente, é uma cor ingrata para produções monocromáticas, recomendada para mulheres que estão em dia com sua aparência. Mas como o cinza, o nude é um verdadeiro diplomata e recebe bem todas as outras cores, sem distinção. Está enganado quem despreza o seu poder. Um sapato na cor funciona como um ruído a menos na harmonia entre as peças e combina com simplesmente todo o armário – até com prata! Por baixo de uma peça de renda, um tecido nude cria um visual que sugere a própria pele, deixando o visual sensual e enigmático. Não tenha medo da novidade e convide muitas peças no tom para morar no seu armário. É um curinga e tanto, e passa a informação: sofisticada e ponto.

TONS FLUO | Eles vão e voltam, mas seu uso nem sempre é aquele que remete aos anos 1980 (que Deus os tenha). Detalhes de tons fluorescentes em uma produção servem literalmente como canetas marca-texto que sublinham alguma parte da silhueta. Usados nos acessórios, marcam presença com bom gosto.

METALIZADOS | Nos últimos anos, o dourado invadiu as passarelas: transcendeu os acessórios e passou a fazer brilhar sapatos, cintos, blusas e até calças e jaquetas. Como um substituto mais nobre para o prata, que já foi coqueluche, persistiu por algumas estações e hoje ocupa a posição de clássico. Espalhafatosa, o cor do ouro atrai muita inveja. Basta que ele deixe um ambiente e logo tem alguém fazendo um comentário maldoso. Mas o dourado segue vivo e saudável, sorrindo para as fotos e brilhando não só nas festas, mas em pleno dia, no meio da rua. Ele sai para comprar o jornal na banca, vai ao supermercado, toma chope com os amigos à tardinha. Ninguém segura essa cor feliz, que brilha como o sol, iluminando verões e invernos. O dourado não perde a majestade por um motivo muito simples: aprendeu a se misturar com a massa, a sambar e ser feliz, coroando a quem souber viver sua alegria. Com o que combinar? Cores neutras são seu par perfeito. Mas ele também se dá bem com roxo, vinho, cinza, azul e até com versões mais desbotadas de si mesmo, em *ton sur ton*. Seu signo é Leão, seu planeta é o Sol e seu poder é real. Dourado vai bem com quase tudo. Experimente usar a cor para acender o visual, misturado a tons mais neutros e peças clássicas. Um sapato ou uma bolsa dourada dão personalidade a uma roupa básica, tornando a produção sofisticada no ponto certo. Só faço uma recomendação: dosar a quantidade. De preferência, não deixe a cor predominar na produção. Uma boa dica é usar o dourado em peças mais sóbrias, como um cinto, um sapato oxford ou uma sapatilha. Muitas mulheres ainda têm medo de usá-lo. Uma peça de roupa como jaqueta ou calça, quando metalizada, é mais fácil de usar e mais bonita se for no dourado envelhecido. Mas, na medida certa, ele não deixa dúvida: você tem estilo e ele brilha à luz do sol.

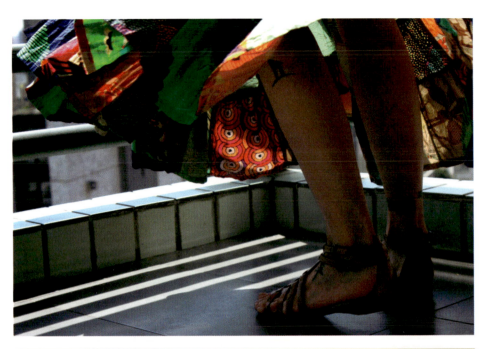
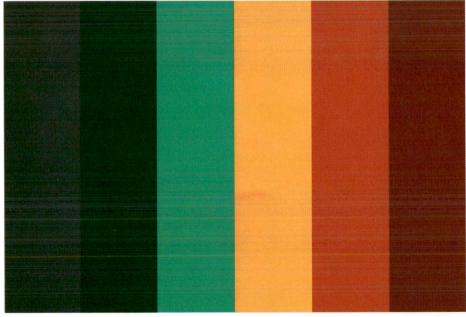

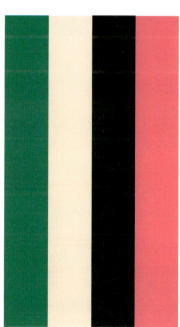

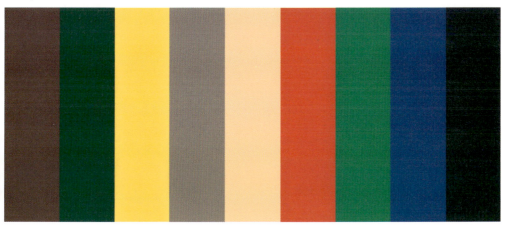

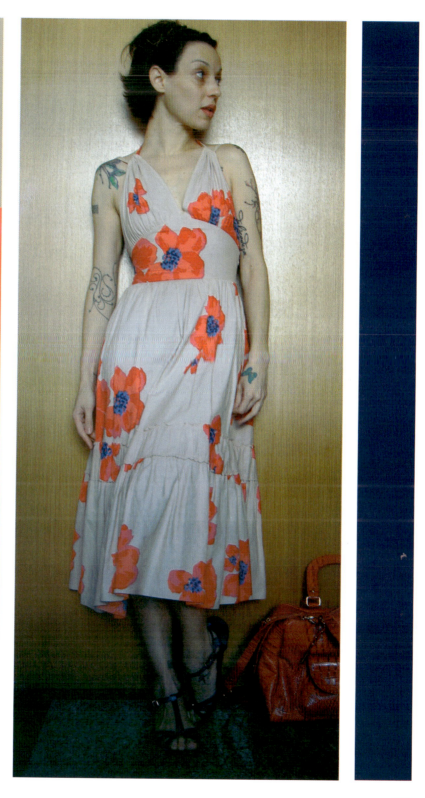

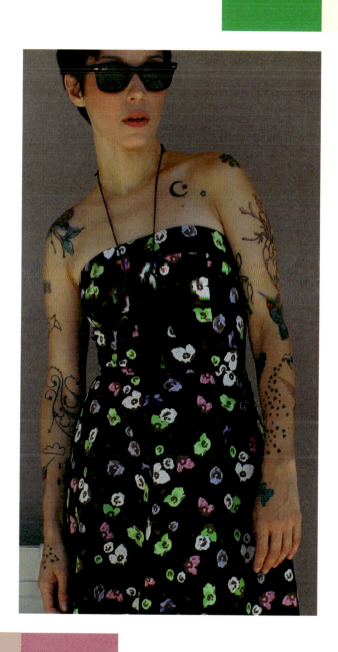

As cores podem nos causar sensações diferentes ao longo do tempo. Editoriais de moda, estímulos visuais nos vídeos, campanhas, filmes e revistas vão amaciando nossos olhos, de modo que o amarelo passa a ser bonito, o nude desperta a sensação de delicadeza sofisticada. Ampliar sua paleta de cores é bom para o humor e amplia suas possibilidades também. Permita-se mudar de opinião sobre as cores e inserir novas nuances em seu guarda-roupa. Você só tem a ganhar.

Brincar com as cores é fundamental. Mas nenhuma brincadeira terá um bom efeito se você não entender que a sua pele traz outra informação de cor, favorável a algumas paletas e desfavorável a outras. O estudo de cores mais apropriadas para o seu tom de pele pede o olhar cuidadoso de um consultor de imagem. Mas você também pode aprender a observar o comportamento da sua pele diante de cada tonalidade. Essa atenção faz diferença.

HOJE VOU ASSIM

**O DIA EM QUE
O ESTILO
FINALMENTE SAI
DO ARMÁRIO**

Meu guarda-
-roupa é meu
cofre, minha
caixa de joias,
garagem de
carros antigos,
janela para
um céu azul
com pássaros
cantando. Ali
dentro tem tudo
o que eu preciso
para não ser a
mesma todos os
dias.

Meu amigo é o nono filho de um total de onze. Na casa onde cresceu com os pais, irmãos, primos e agregados que vinham do interior, nada era definitivamente de ninguém. Não havia o meu ou o seu guarda-roupa, e sim o quarto das roupas. Na área onde seu pai foi construindo puxadinhos para caberem mais pessoas, um barracão com prateleiras até o teto abrigava peças de todas as épocas: saias rodadas das tias, ternos dos avôs, mil e uma calças, camisas e meias, um enorme saco de meias — encontrar um par era tarefa quase impossível. "A gente saía com um pé verde, outro azul, calçando um tênis dois números maior", conta meu amigo. Naquele quartinho, as roupas é que pareciam escolher, a cada dia, uma pessoa diferente para vestir.

Quando entrou para a faculdade, meu amigo ainda não tinha seu próprio guarda-roupa. Então adotou as calças largas de tergal do pai, as camisas floridas de um tio, a jaqueta antiga do uniforme da escola e o tênis de algum antepassado. E assim criou seu estilo. Como quem herda genes de seus ascendentes, construiu sua identidade com as peças dos outros. Meu amigo é colcha de retalhos e afetos.

O relato do meu amigo sobre o vestir desnuda seu estilo. Como cada coleção particular é um inventário de idas e vindas, um armário pode ser feito de faltas, mais do que presenças, caminhos e descaminhos vários. Mesmo acidentalmente, cada um de nós é estilista de si mesmo na composição dessa coleção que nos apresenta ao mundo.

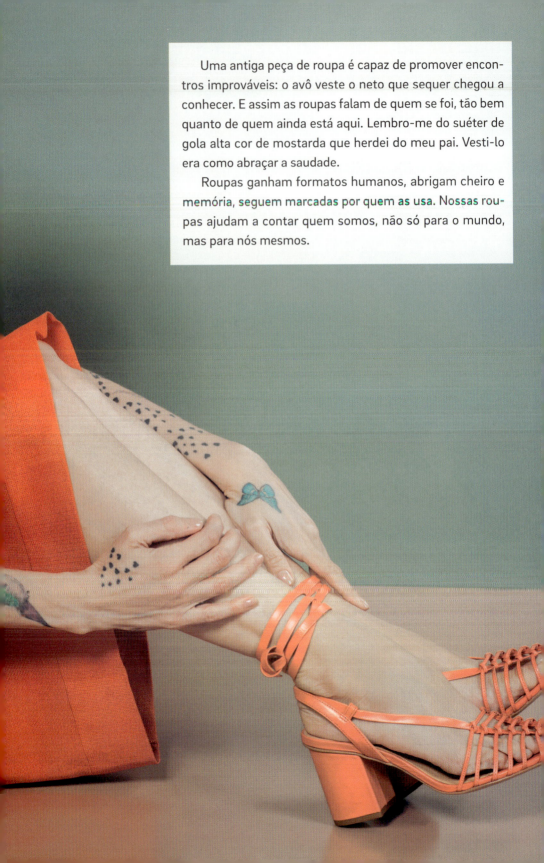

Uma antiga peça de roupa é capaz de promover encontros improváveis: o avô veste o neto que sequer chegou a conhecer. E assim as roupas falam de quem se foi, tão bem quanto de quem ainda está aqui. Lembro-me do suéter de gola alta cor de mostarda que herdei do meu pai. Vesti-lo era como abraçar a saudade.

Roupas ganham formatos humanos, abrigam cheiro e memória, seguem marcadas por quem as usa. Nossas roupas ajudam a contar quem somos, não só para o mundo, mas para nós mesmos.

Tenho angústia de informação. Vivo num mundo com excesso delas e por isso não saio por aí pesquisando tudo sobre moda. Gosto de abrir uma revista, passar em frente a uma vitrine, ver um ou outro desfile. Ou ser surpreendida por um vestido, me apaixonar por ele e levar para casa. Daí em diante, só o tempo dirá quanto vai durar aquele romance.

É como escrever. Você aprende as letras, forma palavras, depois frases e segue em frente. Se essa relação for de prazer, tem futuro. Já reparou que escreve melhor e mais corretamente quem tem prazer em ouvir um texto, quem está menos preso às regras e mais ligado ao ritmo? Se não for assim, o português vira matemática.

Prazer é a receita para experimentar. No texto e na moda, a cada dia me permito mais. E assim vou aprendendo. Aprendi, por exemplo, que estampa de oncinha é quase uma cor. E estampas de bichos vão bem com cores vivas. Aliás, observando a natureza, vejo que bom gosto não é de hoje. E ele já nasceu moderno: roxo vai com laranja, marrom vai com preto de bolinhas brancas e tudo segue em perfeita harmonia.

Aprendi que vermelho é um clássico, como preto, branco, bege, cinza – e que o cinza só é triste para quem está mesmo deprimido. Bem combinado, acende qualquer cor. Aprendi que uma peça de renda faz por uma produção o que uma piadinha na hora certa faz por uma reunião chata de trabalho. E que misturar renda com oncinha só é pecado no resultado – uma espécie de "mamãe-passou-açúcar-em-mim".

Aprendi que saia pode virar blusa tomara que caia. Que combinar bolsa com sapato é como comentar sobre o clima no elevador – mas não tem jeito, um dia você acaba falando sobre isso por falta de outro assunto.

Aprendi que o salto muda o astral de uma mulher. E nesse caso ela tem duas opções: cara de poderosa ou cara de sofredora. Aprendi que, se forem compostas basicamente das mesmas cores, dois tipos de estampas podem combinar como ninguém: floral com listrado, xadrez com bolinhas. Aprendi que uma produção não começa por um sapato nem por um vestido. Começa por um estado de espírito – o resto vem na sequência. E que dentro do meu armário mora uma faceta minha que ainda estou por descobrir.

E assim, como quem inventa palavras, invento o meu jeito de vestir. Você também pode aprender, não o que eu disse, mas outras coisas. E, ao se vestir, colocar um pouquinho de poesia na sua vida – e na vida de quem vê você.

Moda é sonho. Começa quando você acorda e abre a porta do armário: uma caixinha de surpresas que pode lhe mostrar o que você nunca esperou sobre si mesma.

> Moda é sonho.
> Começa quando
> você abre
> a porta
> do armário.

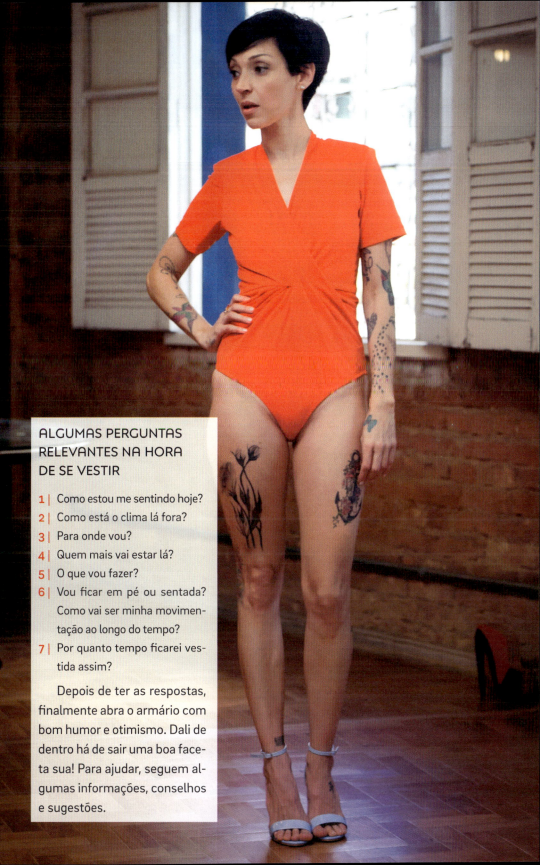

ALGUMAS PERGUNTAS RELEVANTES NA HORA DE SE VESTIR

1 | Como estou me sentindo hoje?
2 | Como está o clima lá fora?
3 | Para onde vou?
4 | Quem mais vai estar lá?
5 | O que vou fazer?
6 | Vou ficar em pé ou sentada? Como vai ser minha movimentação ao longo do tempo?
7 | Por quanto tempo ficarei vestida assim?

Depois de ter as respostas, finalmente abra o armário com bom humor e otimismo. Dali de dentro há de sair uma boa faceta sua! Para ajudar, seguem algumas informações, conselhos e sugestões.

PREPARE-SE PARA AS MUDANÇAS DO TEMPO

Se você tem dúvida sobre o que vestir para o seu dia, o clima também não anda sabendo a hora em que está com fome. Se o calendário anual se divide em quatro estações, no Brasil isso fica na teoria. Dá para delinear no máximo dois climas básicos: quente ou frio, com ou sem chuva. Mas até isso está mudando. As estações diferenciadas não existem mais. A maioria das marcas já está convencida de que uma estação é a saudável continuidade da outra. E que a base para se ter vontade de comprar não é uma nova estação, e sim um bom e surpreendente produto. Não dá mais para sair de casa em pleno calor sem levar um casaquinho, nem dá para sair no frio encapotado sem considerar a possibilidade de um sol de rachar fazer você se arrepender de ter saído com a tão aguardada bota. O aquecimento global está longe de ser solucionado, mas a sua forma de vestir, não. Tenha sempre à mão um casaquinho ou casaqueto leve, para o caso de o verão fraquejar. E abuse de peças que não são nem de inverno nem de verão, como sapatilha, *trench coat* de tecido leve, *blazer*, jaqueta jeans, calça de alfaiataria e vestido abaixo dos joelhos.

COMECE PELOS CLÁSSICOS

Se na língua portuguesa as consoantes não fazem sentido sem as vogais, no vestuário as novidades não se sustentam sem os clássicos. Para dar segurança a uma produção, conte sempre com uma peça veterana, que já provou o seu talento ao longo de sua existência. Clássicos não são usados até cansar, mas são usados sempre e não cansam nunca. Não tenha preguiça de conhecer "as vogais" da moda e tudo ficará mais fácil. Inovar em tudo é um grande perigo.

SAIBA IDENTIFICAR OS "SEUS" CLÁSSICOS

Eleja algumas peças prediletas em seu guarda-roupa. Elas serão muito úteis para quando você acordar com preguiça e boas aliadas em momentos de pouca criatividade. Permita-se descobrir o potencial de peças simples como um cinto, uma sapatilha colorida, um jeans, uma camisa básica, uma camisa de manga. O dia a dia do armário é feito de itens curinga como esses, associados a escolhas e detalhes especiais.

141

O SEGREDO ESTÁ NAS COMBINAÇÕES OU DESCOMBINAÇÕES

O que vai revelar o seu estilo não é a lista de peças que você tem no armário, e sim a maneira como as coordena, a alquimia que fizer com elas. Roupas e sapatos são como adolescentes: mudam de postura ao sabor das companhias. Um clássico vestido de festa vira um look descontraído se acompanhado de cardigã, cinto fininho e sapatilha. Um vestido fatal fica mais descolado por cima de um *legging*. Uma calça de alfaiataria vira a garota mais simpática do armário se usada com um tênis. Repare: o que chamamos de combinação nem sempre é um jogo de cores e estilos afins. Saber descombinar é outro símbolo de bom gosto. O jeito de vestir desafia o óbvio, sendo cada vez mais uma prova de inteligência e perspicácia. O estilo se mostra exatamente nas dissonâncias, nos pequenos detalhes que surpreendem. Sapato combinando com a bolsa é óbvio demais. A moda espera mais de você. Vestir-se é um exercício de inversão de expectativas. A começar pela sua própria.

CRIATIVIDADE: USE COM MODERAÇÃO

Antes ditada de cima para baixo, a moda tomou conta das ruas e hoje é assunto amplamente discutido entre pessoas comuns que, mesmo sem ser especialistas no assunto, também ditam moda. Mas, como toda mudança de paradigma leva a alguns exageros, assistimos a um fenômeno no mínimo divertido – se antes a moda impunha às pessoas uma forma de vestir, hoje a imposição é outra: vestir-se de forma diferente e original. Não faz o menor sentido se libertar da ditadura de ter que se vestir de um jeito para cair em outra que proíbe você de se vestir de outro.

Criatividade é um grande valor na moda. São incríveis as descobertas que podem ser feitas por uma pessoa criativa: transformar saia em vestido, blusa tomara que caia em saia, usar de várias formas uma mesma peça. Mas, apesar de bem-vinda, a criatividade não é o valor principal na hora de se vestir. Em excesso, pode ser uma armadilha. Conheço muita gente ultracriativa que mata qualquer glamour em nome de algo novo. Às vezes, um vestido é só um vestido, e pede para ser usado com um sapato de salto e nada mais.

Se você acordou a fim de vestir um jeans com camiseta branca, não gaste horas pensando numa forma de transformar o *look* em alguma coisa mais original. Há dia que você quer ser invisível e pronto. Está feliz ao se olhar no espelho? É isso que importa.

Revistas, vídeos, desfiles, obras de arte, música e cinema são inspiradores para se vestir. É como um alimento para a alma, que nos ajuda a ir mais longe na hora de escolher uma produção. Mas repare bem: o que nos inspira é a beleza do que vemos, e não o fator inusitado do que vemos. A camisa com uma manga diferente da outra pode ser muito criativa. Mas uma roupa tem a obrigação de valorizar quem a usa. Caso contrário, você não veste uma roupa, veste uma caricatura.

SUA VONTADE DE ACERTAR DEVE SER MAIOR QUE O MEDO DE ERRAR

Seu maior inimigo na hora de se vestir está em você mesma: o excesso de autocensura. Feche a porta do quarto e deixe lá fora o mundo e o que os outros esperam de você. "Desleia" a manchete da mais recente revista de moda, ou você estará se vestindo como quem segue uma ordem subliminar. Use o que gosta, o que faz você se sentir bem. Você pode começar a se vestir pelo sapato e deixar que ele mande no resto. Se começar por um salto, o resultado será bem diferente do que pediria uma sapatilha. O prazer de brincar de se vestir mora nessas surpresas. Divirta-se. Pense menos no resultado e curta o processo. E se tudo der errado, valeu pelo exercício. É preciso errar para aprender. Vestir-se não é algo tão sério assim. Permita-se alguns deslizes. Eu garanto, porque já vi: os especialistas em moda também erram!

VISTA-SE PENSANDO NA PLATEIA
MAIS IMPORTANTE: VOCÊ

A primeira pessoa que você tem que agradar com a sua produção é você. Toda vez que você abrir o armário com o objetivo de impressionar alguém, correrá o risco de fracassar. Vestir-se tem que ser antes de tudo um prazer, e quem vai sentir se o resultado alcançado foi bom é você. Conseguir se descolar da opinião dos outros é conquistar definitivamente o seu estilo próprio. É contraditório, mas desligar-se do que está acontecendo lá fora é o jeito mais fácil de conseguir produções que impressionam. E lembre-se: até a produção mais sofisticada precisa ter alguma coisa fora do lugar, que saia do previsto. Ou não é sua, não tem humanidade. O que mais interessa às pessoas são as provas de que somos falíveis, humanos, de carne e osso. Produções impressionam ao vivo quando têm um quê de revista e uma boa dose de veracidade.

DEIXE-SE LEVAR POR CAMINHOS INESPERADOS

A escolha da sua roupa depende do clima, mas, antes de mais nada, do clima emocional que faz dentro de você. Se chove ou faz sol em seu estado de espírito. É claro que a temperatura lá fora, o que as vitrines têm mostrado e o que você vai fazer naquele dia influenciam, mas a roupa é antes de tudo a cor do seu humor. Não é preciso ter a imagem de uma produção fechada na cabeça para começar a se vestir. Faça como nas viagens, em que errar o caminho pode ser a melhor parte. Um sapato pode ser o primeiro passo para um lugar que você não sabe exatamente qual é. O mesmo pode ser feito de um colar, uma blusa de seda cheia de história ou um brinco comprado num brechó que ninguém conhece.

VISITE O GUARDA-ROUPA MASCULINO

Enquanto os homens mal usam seus guarda roupas, carentes de criatividade e coragem para inovar na hora de se vestir, as mulheres usam e abusam do seu armário e, não satisfeitas, tomam emprestados também os figurinos masculinos. A ideia não é novidade, já que Chanel nos ensinou a fazer isso nos anos 1920. A produção andrógina é um clássico com lugar garantido nos momentos mais nobres da história da moda. Vestir-se *à la garçon* é um recurso que pode ser utilizado a qualquer hora, mas, se usado à noite, ganha quilos de sensualidade. Justamente por ser mais instigante. Colete masculino, camisa e calça de alfaiataria, arrematados por um salto alto, um lenço ou um lacinho no lugar da gravata, deixam claro que sensual é tudo aquilo capaz de instigar a imaginação alheia. Uma mulher vestida de homenzinho é um visual que provoca a imaginação, cuja elegância caminha na direção contrária do sexy gratuito.

E ainda existem as peças femininas com um charme "menininho", como camisas listradas, terninhos, mocassins, *slippers* e oxfords. O segredo é colocar um toque feminino na produção. Uma camisa de renda por baixo do blazer, um salto alto para arrematar o terno e o que mais a sua feminina criatividade permitir.

147

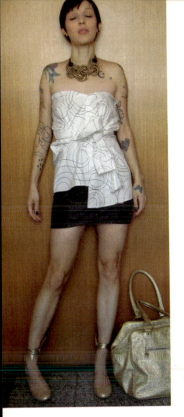

Anos atrás, uma ideia apareceu em desfiles nacionais e internacionais, e um vídeo na internet provou que ela pode ser mais que apenas um truque de passarela. A blogueira Marina Zvidrina, do blog Colour Heels Diary, criou um vídeo tutorial para mostrar como transformar uma camisa masculina em vestido, saia e até em uma charmosa frente única, sem precisar de nada além de amarrações. Basta a camisa de manga comprida, criatividade e, claro, coragem. O efeito vai depender do tamanho do namorado (ou ex). Se ele for bem maior que você, a camisa pode virar até vestido. Se não, torna-se uma bela blusa tomara que caia com detalhe na cintura. Se a vida lhe der um limão e uma camisa social do ex-namorado, faça uma limonada e um vestido, complete com um salto alto e vá brilhar por aí.

MISTURE ESTAMPAS!

Uma forma de deixar bem claro que você tem intimidade com a moda é a habilidade para misturar estampas. A diferença entre um bom e um mau efeito desse recurso, no entanto, é sutil. Isso significa que você vai errar. Mas a prática e o tempo têm o poder de lhe dar coragem até para cometer erros. Uma dica: escolha uma estampa mais forte para ser a "atriz principal" e uma segunda mais discreta para ser "coadjuvante". Duas estampas com grande presença brigam e provocam um visual confuso, para não dizer indeciso. Outra dica é associar estampas que passeiem por paletas de cores parecidas. Aprender a misturar estampas é multiplicar as possibilidades do armário e tirar suas produções do lugar-comum.

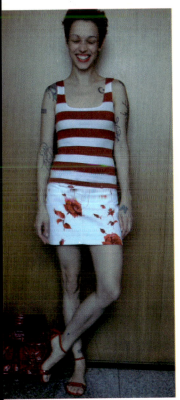

NUNCA DESPREZE O PODER DE:

- uma terceira peça, como um casaquinho, colete ou xale;
- um casaco estampado numa roupa branca ou monocromática, ou um casaco branco ou preto para completar uma roupa estampada;
- um sapato em tom *nude* para arrematar produções de cores claras ou já muito coloridas;
- um lacinho no pescoço;
- uma peça emprestada de outro armário (do marido, do filho, do pai, da mãe, da avó);
- um par de tênis com roupa social;
- uma roupa esportiva com sapato mais fino;
- um cinto, uma cor forte, um lenço estampado, um belo colar, um detalhe inesperado.

INVISTA EM ACESSÓRIOS

Imagine um guarda-roupa absolutamente simples: três vestidos, quatro camisas, uma saia, duas calças. Sem os acessórios, a dona desse guarda-roupa pode se vestir no máximo por alguns dias. Com um bom acervo de acessórios, tem produções para meses. Colares, pulseiras, anéis, óculos, cintos, lenços e bolsas permitem que um mesmo vestido frequente ocasiões diferentes sem parecer o mesmo.

As bijuterias vêm ocupando um espaço cada vez maior no nosso *closet* porque têm o poder de multiplicar as peças do armário – é melhor ter um lugar reservado para elas do que ocupar uma área muito maior com montes e montes de roupas.

A variedade de materiais e combinações nos deixa muito à vontade para imprimir nossa personalidade ao que vestimos. Pedras preciosas e semipreciosas, ou até mesmo sintéticas, associadas a materiais de qualidade, têm um resultado luxuoso. A impressão que se tem é de que, no mundo de hoje, joias são reservadas a quem realmente tem dinheiro sobrando. Enquanto você não chega lá, não fica devendo a ninguém. Literalmente. E vai vivendo com todo o brilho a que tem direito.

REVISITE DÉCADAS

A moda é um bom jeito de brincar com o tempo sem maiores consequências. Cíclica como ela só, está sempre buscando olhar para trás antes de dar um passo à frente. É chique comprar em brechó, ter uma roupa que já vem com história. A blusa que foi da avó virou uma peça de luxo no armário. As novas coleções passeiam por décadas passadas – e as décadas passadas, muitas vezes, já são resultado de revisitas a décadas anteriores! A moda se autorreferencia o tempo todo. Por isso, você pode usar e abusar do *vintage* (que é o antigo de fato) e do retrô (peças feitas na atualidade com referência ao antigo). Para explicar melhor: usar a blusa da sua avó é *vintage*. Fazer uma blusa com a cara da blusa da sua avó é retrô. E entre um e outro tem o clássico, que alcançou um patamar superior porque se tornou eterno. ==Não faça cerimônia: use a moda para tirar férias até de si mesma.==

NÃO FIQUE NO MEIO DO CAMINHO

Ao definir o perfil da sua produção, não tenha medo: diga a que veio, com segurança e convicção. Um visual mais ou menos denuncia sua insegurança e falta de estilo.

REPITA ROUPAS, POR FAVOR

Desde o fenômeno do *prêt-à-porter*, quando as roupas deixaram de ser feitas sob encomenda, a moda já deu tantas voltas que os conceitos antigos viraram do avesso e viraram de novo. Hoje, elegância não tem nada a ver com esbanjamento. Repetir roupa é um jeito inteligente de fazer moda. Usar a mesma peça de várias formas é uma atitude que nos diferencia. Há muito tempo a moda deixou de ser poder de compra. O estilo mora na sua capacidade de observação, sensibilidade, sutileza e, mais do que nunca, no seu talento para otimizar, reusar, reciclar e ressignificar.

Admiro a moda, porque ela traz o tempo todo esse desafio. Fazer o novo para um corpo que não muda. Continuamos tendo dois braços, duas pernas, mas a cabeça muda a cada nova temporada, a cada novo acontecimento. E acordamos no dia seguinte. E nos vestimos antes de sair de casa. A moda é o que muda no que é cotidiano. O pouco que faz

diferença, o que pode tornar novo cada dia. Cada conjunto de peças que vestimos é um figurino construído ali. Incalculado, inédito, imprevisível. E o espírito que aflora dele também é recém-nascido. Fresco e leve para um dia inteiro. Combinam-se peças, cores e texturas como as letras se fundem nos versos – e delas fazemos poesia. O trabalho na frente do espelho é fazer uma rima rica. E isso não tem nada a ver com dinheiro.

Se eu posso comer o mesmo prato predileto no restaurante a cada vez que passo por lá, por que não poderia vestir o meu vestido preferido muitas vezes?

Se pessoas importantes e perseguidas pelas câmeras fazem isso sem constrangimento, por que razão nós, pobres mortais, não poderíamos fazer o mesmo? Usar a mesma roupa várias vezes é uma atitude simples e normal. Como se espera que você feche a torneira ao terminar de lavar as mãos. Que apague as luzes ao sair do quarto. Óbvio, como muitas coisas importantes.

PERSONALIZE

Coloque em sua produção algo bem pessoal e afetivo. Objetos com história ajudam a comunicar quem você é. Exemplo: virar a gola da camisa para dentro e fechar a camisa até o último botão, criando uma gola-padre que só você sabe fazer. Ter estilo tem a ver com saber ressaltar aquilo que é só seu.

ROUPAS E OCASIÕES

FESTAS

Acredito que a moda pode e deve ser manifestação de liberdade. Entretanto, nas ocasiões mais formais, considero uma delicadeza com os anfitriões seguir a recomendação de traje – principalmente quando ela estiver expressa no convite. Mas nem por isso faz sentido transformar os dias que antecedem um evento em tormento que nos encha de medo e ansiedade. A escolha de uma roupa para uma ocasião especial não pode ser um problema, nem pode nos subtrair o prazer dos momentos que a festa em si nos proporcionará. Até porque há sempre um pretinho para nos salvar.

    É engraçado como as mulheres se dedicam a uma roupa de festa como se aquele fosse o único evento importante das suas vidas. Recebem um convite para um casamento dentro de um mês e passam a viver em função do vestido que vão usar. Mesmo que a duquesa de Cambridge repita vários vestidos em eventos nos quais é fotografada para que o mundo inteiro veja, ainda é difícil uma pessoa comum admitir usar a mesma roupa em duas ocasiões diferentes em datas próximas.

Um bom traje de festa é caro demais para ser usado apenas uma vez. Meu conselho é investir em peças mais neutras e clássicas. Um vestido preto, um vestido vermelho e um vestido nude, por exemplo, podem ser boas opções para várias ocasiões diferentes. De preferência, aposte no simples. Exageros e detalhes demais são a garantia de que sua roupa será lembrada (exatamente pelo mau gosto).

LEMBRE-SE | Raramente um vestido longo é peça para se usar muitas vezes. E a maior parte das ocasiões permite o comprimento até os joelhos. Dito isso, outra boa ideia é comprar um vestido que você use uma vez e que, mais adiante, seja incorporado ao seu dia a dia. Tecidos nobres, mas nem tão espalhafatosos, como a seda, permitem essa versatilidade. São peças que depois você poderá coordenar com um blazer fino ou usar por baixo de um casaco no inverno. É claro que não estamos falando de uma peça de paetê para usar no trabalho dentro de alguns meses. Mas muitas vezes passei a enxergar vestidos de festa de formas diferentes depois de algum tempo, ganhando novos aliados no armário.

IMPORTANTE | Não gaste toda a verba no vestido, pois ele vai pedir um sapato à altura. Invista em um escarpim delicado, uma sandália de classe e boas bolsas de festa. Esses acessórios mudam a produção e permitem que você use o mesmo vestido várias vezes. Esteja muito atenta ao acabamento que um sapato dá a uma roupa fina. A maioria das mulheres costuma esquecer esse detalhe – e é aí que a produção cai no lugar-comum.

CASAMENTOS E CHAPÉUS

Enquanto as inglesas obrigatoriamente usam chapéus elegantes em suas indumentárias de festa, as brasileiras não cultivam esse hábito. O que é uma pena: num país tropical como o nosso, o chapéu é adereço bem-vindo até mesmo pela coerência. Em dias de sol a pino, feliz da mulher que vai a um casamento de chapéu. Fiz isso numa cerimônia diurna, e fiquei surpresa por não encontrar ninguém mais usando esse tipo de arranjo. E detalhe: nunca fui tão elogiada numa festa. É que o chapéu – bem escolhido – imediatamente eleva a roupa a um outro patamar, pois não deixa dúvida: estamos em uma ocasião especial. Toda mulher fica mais elegante e charmosa ao escolher um vestido clássico e arrematá-lo com um belo arranjo de cabeça. Mas não: a brasileira prefere não colocar nada na cabeça, a não ser a ideia de que roupa de casamento é sinônimo de fantasia – cores berrantes, drapeados, bordados em excesso, brilhos, franjas, comprimentos irregulares, ou tudo isso junto. Sorte da ousada mulher que estiver usando um chapéu. Até porque a aba poderá protegê--la de muitas visões indesejadas e inimagináveis.

PARA O PRIMEIRO ENCONTRO NÃO SER O ÚLTIMO

Vestir-se para a conquista é fazer escolhas inteligentes, de modo que a outra pessoa não precise notar que você se preparou demais para aquele momento.

Unhas e cabelos limpos, hidratados, bem cuidados. Pele hidratada, depilação em ordem, perfume suave. Nada de exageros como penteados esquisitos ou cores psicodélicas. É hora de apostar no bom e velho clássico.

Para vestir, eu opto por uma peça marcante, que mostre sutilmente a minha personalidade e, de preferência, sem exagerar na cor. Também tomo cuidado com o excesso de acessórios. Para finalizar, o acabamento que pode acabar com tudo ou ser um bom começo: a maquiagem. De preferência, aquela que não chame atenção. Uma boa pele, sem exageros, que corrija pequenas imperfeições e pronto.

Afinal, se a outra pessoa não gostar de você como você é, começou mal. Pronto, agora é com você – uma boa conversa, humor, leveza e nada de disfarces. Se o encontro não for bom, melhor para você. Provavelmente, trata-se de um mau partido.

UM TOQUE (OU RETOQUE) SOBRE MAQUIAGEM

Você conhece esta historinha? O menino vê a mãe se maquiando e pergunta: "Mamãe, pra que isso?". Ela responde: "Para ficar bonita, filho". Ele devolve a pergunta: "Então por que você não fica?". O caso parece piada, mas é verídico e ilustra a sinceridade infantil. O mundo dos adultos, no entanto, não é tão sincero. Então, as mulheres vão se maquiando, se maquiando, até que… passam do limite. E os homens não têm coragem de dizer isso a elas. Pois eu tenho. Até porque minha função é essa por aqui.

Maquiagem não é disfarce. Ela tem que realçar sua beleza, e não "transformar você em outra pessoa". De repente, uma tal cor de batom vira moda porque a fulana usou na novela das nove e a mulher já sai comprando a cor, achando que, assim, vai ficar inevitavelmente irresistível. Nem toda mulher tem lábios grossos para usar um batom escuro, nem toda mulher tem pele clara para usar aquele tom rosinha que só fica bem nas brancas de neve. Quer perigo maior que o gloss? "Aquele que deixa a mulher com boca de quem comeu frango frito?" costuma dizer um amigo meu. Esse mesmo. Fica lindo na re-

> "Em se tratando de moda, há apenas duas idades: menina e mulher."
>
> **Christian Dior**

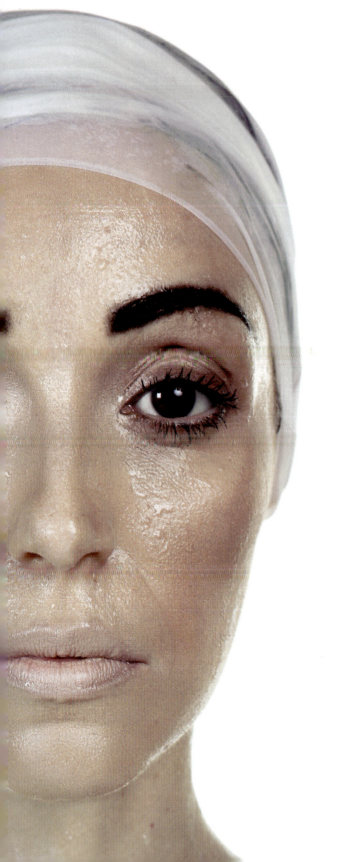

vista, mas, na prática, garante que você vai comer um fio de cabelo de cada mulher que cumprimentar. Excessos de brilho, cor e sombra também assustam. Evite maquiar-se a ponto de ficar muito diferente do habitual. A não ser que no futuro você queira acordar sempre vinte minutos mais cedo e pular da cama antes dele para que ele não descubra sua verdadeira identidade.

Nada como o caminho do meio, não é mesmo? Faça como um comercial antigo de uma marca de jeans que eu nunca esqueci. A mulher chega à sala de casa onde o cara a espera, sutilmente maquiada, vestindo um jeans e mordendo uma maçã, e diz, com ar de surpresa: "Nem tive tempo de trocar de roupa". Vá por mim: nos momentos de sedução, como na moda, menos é mais.

O ENCONTRO DEU CERTO E VOCÊ VAI SE CASAR?

Parabéns! E um conselho: em vez de seguir a moda, siga seu coração. Casamento é um momento único. Esqueça os vestidos de noiva que estão na moda e pense em algo que as noivas andam esquecendo ultimamente: em vez de se concentrar em ser a mulher mais bonita do universo, seja você mesma. Foi por você que ele se apaixonou, lembra? Tem noiva que se prepara tanto no dia do casamento que depois nem se reconhece no álbum de fotos.

FAZER AS MALAS: COLOQUE UMA ALÇA NESSA FUNÇÃO!

Viajar é uma das melhores coisas da vida. A não ser por um pequeno detalhe: a mala. Pequeno mesmo, porque lá dentro não cabe tudo o que a gente quer levar. Quer uma dica para fazer a mala sem precisar chegar ao seu destino com problema de coluna? Junte as roupas como quem escolhe amigos para uma viagem em conjunto. Todos têm que falar a mesma língua, senão alguém do grupo destoa e a viagem deixa de ser divertida. Um dos grandes segredos de uma boa mala está na paleta de cores. Escolha peças que se coordenem, de modo que você possa repetir algumas em combinações diferentes. Eleja no máximo cinco cores. Por exemplo: marinho, branco, vermelho, preto e bege. Todas essas cores combinam entre si e o conjunto delas pode trazer uma informação *navy*. Separadas, elas não ficam só nos tons pastel, nem só nas cores claras. O vermelho traz vida, o bege é mais verão, preto e branco são como feijão e arroz, e o marinho é chique para combinar com tudo. Você também pode escolher paletas mais alegres como bege, rosa, laranja, branco e cinza. A alquimia dessas cores já começa a dar um tom do astral da sua viagem. Se você incluir na mala apenas peças que contenham uma ou mais das cores escolhidas, vai ter um conjunto que conversa entre si, como bons amigos. Prefira peças lisas, mas leve também algumas estampas ou padronagens como listras e poás que possam combinar

com essas cores. Dentro das cores escolhidas, leve sempre mais de um estilo de roupa, para não ficar refém de um vestidinho de malha se pintar uma festinha inesperada. Jeans são as peças mais bem relacionadas do grupo, pois costumam se dar bem com a turma toda. Acrescente um ou dois lenços de estampas que combinem com a paleta de cores, e que podem ser a peça-chave para enfeitar várias produções. E não tenha medo de repetir peças: teste a sua capacidade de usar uma mesma peça de formas diferentes. Outra dica: leve um ou dois casacos curinga, que se coordenem com tudo. Exemplo: uma jaqueta *perfecto* fica bem com calça jeans e não faz feio em cima de um vestido mais fino. E assim você economiza espaço: se um casaco ocupa bastante, imagine dois. Mas o verdadeiro pulo do gato está nos acessórios: são eles que podem diferenciar positivamente uma produção da outra. Lenços, bijus e enfeites de cabelo ocupam pouco espaço na mala e muito espaço no resultado de cada *look*.

Boa viagem!

> Viajar é um ótimo exercício para aprender a ousar e coordenar roupas de um modo que você não faria normalmente. Você tira de cada peça o seu potencial máximo. E passa a ver seu armário de outra forma quando volta.

E AGORA?

Um dia, você acorda atrasada. Ou o gerente do banco liga bem na hora do café da manhã. Você se lembra de que na gaveta do quarto do bebê só restam duas fraldas. E na hora do banho você descobre que o chuveiro elétrico queimou. Como se vestir no meio do furacão e sair feliz, se a inspiração passa longe de tanto estresse?

Aproveite o caos e vista-se como nunca se vestiu antes. Não pense, não raciocine, vá vestindo. As melhores coisas acontecem por acaso. Resista a fórmulas prontas, como jeans, camisa branca, sapatilha-porque-agora-é-moda e a minibolsa-que-no-momento-é-o-máximo. Receitinhas assim são perfeitas para tornar você invisível.

Use a roupa como terapia: abra o armário e sinta o que quer vestir. Escolha a primeira peça da produção. O resto vem vindo. O cansaço está estampado no rosto? Use um vestido romântico, fluido, transparente, algo que conduza você para bem longe da realidade. Levou um pé na bunda? Salto alto é um santo remédio. Vai passar o dia se deslocando de um local a outro? Um tênis pode ser o começo de uma produção muito divertida.

Experimente pegar aquela bota caubói que há meses você tenta estrear, mas não consegue. Use com aquele vestido de estampa moderninha e uma combinação de cores

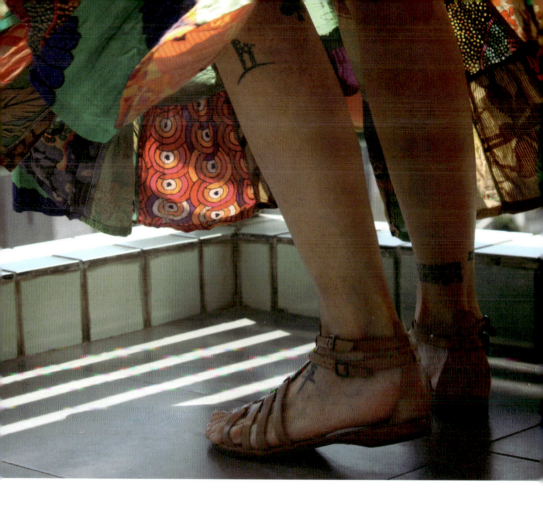

que em nada lembra a bota. Esqueça as regras, as revistas, os conselhos, a paleta de cores. Vá testando e veja no que dá. Finalize com o cintinho de onça que estava no fundo da gaveta e olhe-se no espelho. Confie, ele é o cara. É ele que vai revelar se aquela mistura ficou uma aberração ou se pode ser a revolução do seu dia. E a pressa, nessas horas, serve para tirar a censura do caminho.

O segredo para combinar tudo sem combinar nada? Confiança e coragem. Experimente e encare o mundo vestindo aquilo que não está nas revistas, não está nos manuais de moda, mas ficou muito bem em você.

Como me ensinou um cara que um dia cortou meus cabelos e fez um penteado bem arrepiado: "Você vai passando a cera e usando as mãos. Quando não tiver coragem de sair de casa, está pronta".

ROUPA DE MÃE

O EXAME DEU POSITIVO! E AGORA, COM QUE ROUPA EU VOU?

A gravidez é uma experiência única e que deve ser curtida milímetro a milímetro. Digo isso porque ver a barriga crescer é experimentar de forma única a magia e a força da natureza – um privilégio e tanto. Ver o seu corpo se transformar na mesma medida em que sua cabeça se prepara para uma vida totalmente nova e diferente não tem preço. Ao contrário de muitas mulheres, vejo a gravidez como um dos períodos mais bonitos da nossa vida. Mesmo com todas as mudanças no seu corpo, ou até mesmo por causa delas, a futura mãe fica mais radiante e poderosa. Vale fazer tudo para se sentir ainda mais linda e tornar esses meses um período inesquecível. Mas se você pensa que precisa se vestir só em lojas de roupas para gestantes, me perdoe o trocadilho, mas você está redondamente enganada.

Logo após a notícia da gravidez, você já quer vestir roupas que possam mostrar ao mundo que vai ser mãe. Mas o corpo demora para deixar isso claro. Nesse momento, é hora de adquirir a única peça especificamente para grávidas que eu recomendo: um bom jeans com elástico mais largo na cintura, peça que vai acompanhar você por todos os meses seguintes. Existem várias lojas de roupas para grávidas, mas acho que dá pra adquirir roupas comuns em tamanhos maiores, para aproveitá-las mais adiante. Minha sugestão é investir em vestidos mais soltos e, à medida que a barriga crescer, ir comprando outros em tamanhos maiores que o seu, de modo que seja possível apertar depois. Isso otimiza o investimento, pois depois da gravidez você só abrirá mão dos vestidos que não quiser mais.

Para os momentos em que você se cansar de usar vestidos, use e abuse das tais calças jeans com elástico.

Algumas sugestões:

- Vestidos com cintura "deslocada", logo abaixo do busto, que a gente chama de cintura império. Eles deixam a barriguinha confortável e são ultrafemininos – não há momento melhor para usá-los, pois a barriga deixa o resultado ainda mais bonito.
- Vestidos de cintura muito baixa e mais larguinhos também ficam lindos, principalmente no começo da gravidez.
- Vestidos trespassados ou com abotoamento duplo, como um *trench coat*, também são ótimos para acompanhar o crescimento da barriga.
- Batas e regatas com a calça jeans. Se fizer frio, um cardigã arremata a produção.
- Macacões mais largos na cintura são clássicos que sempre terão o seu lugar durante a gravidez.
- Vestidos mais curtinhos, para evidenciar belas pernas!
- Para os momentos de chuva ou friozinho, *trench coats* deixam a gestante muito mais moderna e, por serem ajustáveis, servem durante toda a gravidez. Se você ainda não tem um *trench coat*, aproveite o pretexto da gravidez para adquirir o seu.

UM CONSELHO | use sapatos baixos, sempre. Grávida é porta-joia: deve evitar ao máximo qualquer risco de cair.

Na hora de escolher cores e estampas, considere tons claros e mais alegres. É tempo de alto astral e leveza, e depois disso você tem o resto da vida pra voltar a usar preto. Sobre as estampas, tudo depende de como vai indo a sua gravidez. Se você ganhar muito peso, evite estampas exageradas e grandes – e prefira tons mais fechados (mas não necessariamente tristes). Se não, deixe seu humor escolher. Comemore! Você vai ser mãe. Divertido é usar cintos e faixas para ajustar a sua cintura (que vai mudar de lugar!) e criar silhuetas mais femininas, tanto ajustando acima da barriga como abaixo, no estilo "melindrosa grávida". Outra coisa que naturalmente acontece é se enfeitar um pouco mais: acessórios para cabelos, flores, tudo combina muito com o universo delicado (e forte!) de uma mulher que espera seu bebê.

UM POUCO DA MINHA EXPERIÊNCIA

Eu me lembro de ter sido convidada para uma festinha de amigos, 15 dias depois do parto. A amamentação ia de vento em popa, mas quem tinha muita sede era eu – de ver os amigos e respirar outros ares por uma noite. Usei um vestido de malha de cintura baixa, solto na barriga e nos quadris, mas curto o suficiente para evidenciar as pernas – estas, sim, em boa forma. Assim me senti bonita e sexy em pleno pós-parto. E como foi importante.

A vida nos oferece maravilhosas oportunidades para transformar a nossa forma de vestir. A maternidade é uma das grandes. Na gravidez, as mudanças que se iniciam no corpo prenunciam as da rotina – nunca mais seremos as mesmas. É uma espécie de metáfora do que virá pela frente.

Curti cada milímetro da minha gravidez e até sinto saudade desse tempo em que era desnecessário murchar a barriga – minha alegria era proporcional ao tamanho dela. Ver o corpo se transformar, na mesma medida em que a cabeça tenta compreender e se adaptar à vinda de uma vida nova, é presente e é desafio. Podemos fazer a nossa parte com alimentação saudável e exercícios, mas não temos total controle sobre os rumos das nossas formas, o que por si só já é um teste: de altruísmo e autoestima, os dois ao mesmo tempo. Serei

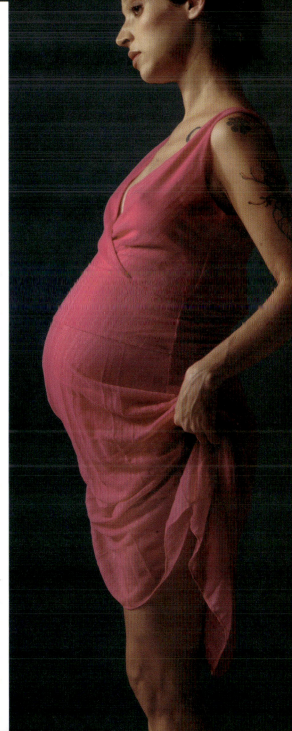

capaz de cuidar do bebê sem descuidar de mim? Saberei aceitar as mudanças definitivas nesse corpo que empresto ao meu filho?

Como minha gestação foi muito esperada, não me deixei abater nem pelo gigantesco imprevisto que a atravessou. Depois da morte repentina do pai do Francisco, dois meses antes do nascimento dele, passei a me vestir com ainda mais capricho. Eu ainda teria dois meses pela frente, exercitando a alegria rara de ser mais de um. E toda caixa de joias merece um belo embrulho.

Até que um dia o bebê nasce – e é outro o aprendizado. Aquele serzinho mínimo nos afeta a rotina por completo, e é preciso colocar como meta a lógica da máscara de oxigênio para não se abandonar por completo. "Primeiro coloque a máscara em você, e só depois na criança."

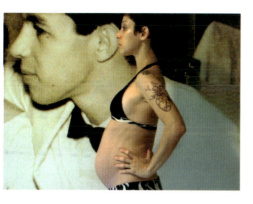 
 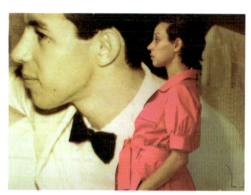
 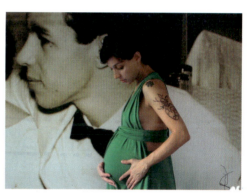
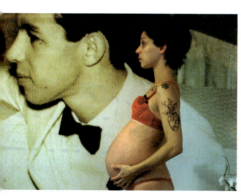 

 É verdade, a gente começa a buscar mais conforto. Tecidos mais flexíveis, comprimentos mais generosos, sapatos que nos permitam correr (atrás do menino ou de um lugar para outro). Está certo, a bolsa precisa ser prática. Mas a vinda de um filho não pode esconder a mulher – que a maternidade sublinha, e não oculta. A maternidade me transformou, sim: botou mais roda em meus vestidos.

 Lembro-me de uma cena em casa, enquanto eu me vestia para o trabalho. Quando eu ia saindo, Francisco, que não tinha completado 4 anos, apontou para um salto alto, sugerindo que eu substituísse a sapatilha que havia escolhido. Entendi o recado e levei comigo.

 A forma como nos enxergamos muda muito quando vêm os filhos. Mas em que momento da vida permanecemos as mesmas? Não se entregue tanto a ponto de sentir falta de si mesma. Seu filho merece uma mãe feliz por inteiro.

A MODA VAI AO TRABALHO

PARA A SUA ROUPA FALAR BEM DE VOCÊ

Há alguns anos decidi trabalhar em casa e montei um *"home office"* – um jeito chique de dizer que não preciso sair para trabalhar. Mais tempo perto do meu filho, a oportunidade de um cafezinho quando eu quiser e... o risco de não tirar o pijama. Deixar o trabalho em casa é um desafio: como separar o que é profissional e o que é doméstico? Pior ainda se você acorda e já pega no batente. A roupa de dormir se mistura com as tarefas profissionais, a mesa de jantar vira escritório, a lição de casa do filho se mistura ao e-mail de negócios. Hoje, tenho isto muito claro: acordo, tomo um banho e me visto como se fosse sair para o escritório. Isso é fundamental para a rotina não virar uma grande bagunça.

Nessas horas, fica provado o quanto a roupa muda a nossa postura, não só diante do mundo, mas para cada um de nós. A maneira como nos vestimos é a mensagem que enviamos a nós mesmas. De sandálias de dedo e moletom, pode até ser gostoso trabalhar, mas é a receita perfeita para não se levar a sério. A roupa veste você e o seu dia. E cabe a você escolher se vai ter um dia lindo, elegante e diferente ou se vai ter mais um dia chato, em que a tônica será esperar chegar o dia de amanhã.

Uma dúvida muito frequente é sobre o tipo de roupa mais apropriado para se usar no trabalho. A roupa é responsável pela primeiríssima impressão que as pessoas terão de você. Conhecer o seu estilo e saber como levá-lo de maneira adequada para o trabalho faz com que sua forma de se vestir também fale bem de você – além dos colegas.

O ambiente profissional é um excelente exemplo de que, até na hora de se vestir, é gentil pensar no outro, tanto quanto pensar em você. Se o que você veste também se encarrega de reforçar a sua identidade, no trabalho é preciso respeitar alguns códigos – e cada ambiente profissional tem os seus. Mesmo em um mundo corporativo em constante mudança, o bom senso continua sendo um clássico. Por mais democráticas que algumas empresas estejam se tornando, é fundamental saber avaliar em que tipo de ambiente você trabalha e o que cabe – ou não – dentro dele.

A pergunta "Com que roupa eu vou trabalhar hoje?" não deveria trazer angústia, e sim ser o primeiro estímulo para se levantar da cama e seguir para a empresa. E eu garanto que é possível ter prazer em se vestir para o trabalho e ainda se divertir com isso.

Trabalhei por duas décadas no departamento de criação de agências de publicidade, que costumam ser mais abertas para aceitar estilos particulares e livres de seus colaboradores. Mas tive inúmeras reuniões com clientes, inclusive os

> A maneira como nos vestimos é a mensagem que enviamos a nós mesmas. Não dá para se levar a sério trabalhando de sandálias de dedo e moletom.

mais formais, principalmente em momentos tensos como os de apresentações de campanhas. Era preciso saber escolher a roupa certa para essas ocasiões. E eu garanto que muitas vezes minhas produções me ajudaram a ter mais credibilidade, inclusive diante de clientes difíceis.

Vestir-se é uma espécie de alquimia. A eleição das peças no armário a cada dia deve levar em consideração sempre estes fatores: você e seu estado de espírito; o ambiente e a ocasião que você vai frequentar; as tarefas que provavelmente terá naquele dia; o tempo que permanecerá vestindo aquela roupa; e, claro, o clima lá fora. Parece impossível? Pois pode ser um delicioso desafio e também uma arte. A arte de desenvolver o seu estilo. E quando você percebe que conseguiu, essa passa a ser mais uma de suas marcas positivas.

E como se vestir de acordo com a sua personalidade, de forma a traduzir a sua maneira de ser, sem destoar ou chamar atenção no ambiente de trabalho? A resposta está nas peças clássicas. São elas as mais preparadas para ir trabalhar com você, combinadas com uma ou outra tendência mais recente. O que é uma excelente notícia. Sinal de que você vai encontrar nas lojas, em qualquer estação, roupas que tranquilamente podem ir para o trabalho com você. E o melhor: não vai precisar renovar seu guarda-roupa a cada nova coleção, e sim de acordo com suas necessidades, determinada pelo uso e desgaste das peças. Deixe as tendências de moda fora do ambiente de trabalho e você não correrá riscos.

Se você enxerga os clássicos como peças carregadas de caretice, tenho uma sugestão para que você passe a vê-los de outra forma e desenvolva afinidade com eles. Em vez de tentar levar as roupas descontraídas para o trabalho, leve os clássicos para os seus momentos de descontração. Sim, use suas peças clássicas no fim de semana. Você vai descobrir que um blazer bem cortado, uma camisa branca, uma saia lápis e um escarpim, se bem coordenados, são maravilhosas companhias para jeans, *t-shirts* e outros adolescentes que moram em seu armário. E vai aprender a ver essas peças sob um novo ponto de vista. Cultivar os clássicos é um ótimo exercício para ajudar você a gostar de se vestir para o

> O ambiente profissional é um excelente exemplo de que, até na hora de se vestir, é gentil pensar no outro, tanto quanto pensar em você.

trabalho e descobrir formas sutis e inteligentes de acrescentar seu estilo pessoal, deixando impressa a sua identidade. Quando você entende que dá para ficar linda, sim, vestindo clássicos, descobre peças que são grandes aliadas para fazer você se diferenciar no escritório. E na vida.

Equilíbrio é outra palavra que deve ir trabalhar com você todos os dias. Está usando saia, que mostra uma parte das pernas? Talvez seja melhor usar um blazer ou cardigã por cima da camisa. Pernas e braços à mostra talvez seja um exagero. A calça é mais ajustada? Então não cabe uma parte de cima tão ajustada quanto. A terceira peça (blazer, casaco, cardigã) entra mais uma vez como catalisadora. A blusa é mais básica? Pode ser bem-vinda uma calça de alfaiataria, para a produção não ficar casual demais. Seu ambiente é democrático o suficiente para que você vá de jeans? Então escolha um sapato que não leve o visual para o churrasco do fim de semana. E assim por diante. A elegância de que falamos lá no início mora nos detalhes. Uma vez que a roupa do dia já foi escolhida, é hora de pensar se cabe algum detalhe charmoso – e discreto, sempre – que dê a sua marca. Um lenço ou pashmina de cor mais viva para colorir um visual monocromático. Um colar interessante, uma bolsa colorida. E assim por diante.

JEANS: USE, MAS NÃO ABUSE

Versátil, confortável e capaz de frequentar vários ambientes, o jeans pode gerar visuais muito elegantes. Tudo depende das companhias: e é claro que aqui as peças clássicas se encaixam como luvas. Poder usar jeans para o trabalho é uma grande vantagem, mas não abuse dessa liberdade. Muita atenção às lavagens: quanto mais escuro o jeans, mais elegante. Lavagens leves são bem-vindas. Mas deixe os rasgados, puídos, ultralavados e desbotados para os fins de semana de lazer. Mande cortar a barra do seu jeans (no mesmo comprimento da bainha de suas calças sociais) de modo a usá-lo sem precisar dobrar a barra, evitando que a informalidade passe do ponto.

> Deixe as tendências de moda fora do ambiente de trabalho e você não correrá riscos.

BOTAS: UM CAPÍTULO À PARTE

Mulheres adoram botas de cano longo, salto alto, bico fino. Mas não são essas as mais adequadas para o trabalho. Nem as botas do estilo montaria, com a calça para dentro do cano. É preciso bastante cautela para usar uma bota no ambiente de trabalho. As mais adequadas são as *ankle boots*, aquelas com o cano curtinho, na altura do tornozelo, de preferência com um pouco de salto. Dá para usar com saia lápis e calça. Na dúvida, escolha outro sapato.

CUIDADO COM O CASUAL DAY

Sexta-feira. Dia mundial da cerveja e do traje casual. O dia mais perigoso da história da moda no ambiente de trabalho. Para compensar os outros quatro dias de terno e gravata, o cara do comercial resolve usar sua bermuda de sarja, sua camisa xadrez de manga curta e um mocassim com meia. O problema da sexta-feira é o funcionário querer compensar os outros quatro dias de terno ou *tailleur* com pura descontração. Até o *casual day* tem limites. Como bem disse um amigo meu: "Não sou obrigado a ver a perna cabeluda do meu chefe". Ou, pior, da minha chefe. Mesmo se for *casual day*, aquele ainda é o seu trabalho, que exige certos códigos, e você não precisa se revelar sem censura. Não confunda a sexta-feira com "dia oficial da juventude". E não esqueça: a personalidade que você quer revelar na sexta deve ser a mesma que já está presente na sua roupa oficial de trabalho. Sempre é possível dar um toque seu: um acessório de *design*, um lenço fino que faz toda a diferença, sempre com discrição. Isso é dar à roupa a sua marca. A sexta-feira merece essa coerência. Convém ter cuidado com os impulsos e deixar a minissaia, a camisa de time, os decotes exagerados, as camisetas engraçadas, as estampas e cores fortes para o sábado com os amigos. Porque se o seu trabalho exige certa formalidade, na sexta-feira isso não vai mudar totalmente. *Casual day* é só um descanso, uma pausa para respirar. Um bom dia para refletir sobre o estilo que você já carrega – ou não – na roupa de todo dia.

MODA DEPOIS DOS 40, 50, 60, 70...

A MATURIDADE É UMA GRANDE PROFESSORA DE ESTILO

QUANTAS PRIMAVERAS?

Tem algo estranho acontecendo comigo. Começaram a me chamar de senhora, meu joelho esquerdo resolveu doer e, outro dia, o cara "bem mais velho" na fila do supermercado era meu colega de escola. Rótulos e manuais de instruções ficaram ilegíveis e bulas de remédio parecem escritas em grego. Temas como "reposição hormonal" e "plástica de pálpebra" já fazem parte do meu repertório. E na minha cabeceira apareceu um livro da Jane Fonda.

Mas já? Ainda tenho tanta coisa pra fazer na vida. Acabei de tirar o aparelho dos dentes. Outro dia mesmo eu carregava o futuro na barriga – o futuro já é adolescente e já tem vergonha de andar de mãos dadas comigo. Não paro de fazer planos e sou capaz de mudar de opinião com um pé nas costas – não literalmente, claro.

"Mas você ainda é muito gata", me disse um amigo. Repare quanta informação numa única frase: contrariando "a regra", ganhei um tempinho de lambuja, pois ainda está dando pra disfarçar. Não à toa, cremes e tratamentos já foram chamados de "anti-idade". Envelhecer parece ser uma espécie de crime. A pessoa faz aniversário e já sai tentando arrumar uma identidade falsa.

Cabe aqui um lembrete: ao nascer, já estamos todos envelhecendo. E nunca paramos de crescer. Só que na idade adulta, cresce a sabedoria. Não à toa, pesquisas indicam que

a maioria das pessoas depois dos 50 se sentem menos ansiosas e mais felizes. Então vamos comemorar, pois a longevidade veio para ficar: em 2050, o número de pessoas com 65 anos no mundo vai triplicar.

A famosa frase *"a vida começa aos 40"* me parece verdadeira. É quando gente finalmente entende o que quer para, enfim, começar a viver. Foi depois dos 40 que me tornei escritora, palestrante, colunista, podcaster, consultora de moda. Hoje, entrando na casa dos 50, tem dias que me sinto com 20, porque realmente tenho 20 anos. E também 18, 34, 45, 12. Quem é que pode ter essas idades todas sem ter chegado aqui? Em que outra época tive esse humor? A vida está mais leve e menos dramática – dramas estão muito mais relacionados às primeiras vezes.

Verdade seja dita: chegar à velhice é sinal de que algo está dando certo. Pelo menos, esse é o plano. Uns envelhecem melhor do que outros, mas ninguém caminha na direção contrária. Para uns e outros, enfrentar o espelho é um desafio cada vez maior.

Tenho uma tese sobre o assunto que intitulei de "Teoria da Justiça da Natureza". Refiro-me a certa desvantagem em

nascer muito bonita – escrevo no feminino porque isso parece acontecer com as mulheres em maior frequência, até porque temos a pele mais fina e estamos mais sujeitas aos efeitos visíveis do tempo. Quem nasce muito bonita costuma se apoiar na beleza e raramente se acostuma com o avançar do calendário. E, durante o processo de envelhecimento, costuma recorrer a todo tipo de procedimento estético, como um recurso para impedir a velhice de acontecer. O resultado é que muitas se transformam em seres transfigurados, o que evidencia não apenas o envelhecimento, mas também a não aceitação dele. E traz um ar bizarro à imagem da mulher que outrora foi exemplo de beleza.

O QUE ENVELHECE MESMO É ESSA OBSESSÃO PELA JUVENTUDE

Nos últimos anos, o Brasil se tornou uma superpotência da cirurgia plástica. Estamos no ranking dos países mais adeptos do procedimento no mundo. Um estudo realizado pela Sociedade Brasileira de Cirurgia Plástica (SBCP) e publicado em agosto de 2019 mostra que o número de pacientes em cirurgias estéticas cresceu 25,2% em relação ao ano de 2016. Além das mensagens recorrentes cultuando padrões de beleza e um corpo perfeito, os médicos fazem pacotes e facilitam o pagamento.

A atriz australiana Cate Blanchett traz uma reflexão profunda sobre esse culto à estética a qualquer preço: *"Pessoalmente, não acho que as pessoas pareçam melhores depois da cirurgia, só parecem diferentes… E se fazem apenas por medo, esse medo continuará em seus olhos".*

Envelhecer não é para os fracos. Quem faz da beleza o seu grande potencial tem no envelhecimento o seu calcanhar de aquiles. Lutar contra o tempo não nos mantém jovens. Saber lidar com a sua passagem e aceitar as mudanças da aparência, usando a medicina e a estética de forma equilibrada e sensata, é também um sinal de sabedoria – um dos grandes presentes da velhice.

CABELOS BRANCOS NÃO PRECISAM SER MOTIVO PARA MAIS CABELOS BRANCOS

"Temos que revisar o conceito de 'envelhecer'. Deveríamos vê-lo como uma escada em que se ganha bem-estar, sabedoria e a habilidade para ser verdadeiramente íntima e ter uma intenção de vida." A declaração de Jane Fonda resume o que penso sobre o assunto. Em muitas culturas, principalmente as indígenas, quanto mais velho você fica, mais respeitado socialmente você é.

Essa luta desenfreada por não envelhecer mostra que estamos evitando, a qualquer custo, uma verdadeira reflexão sobre o significado da velhice. Que não é uma doença a ser curada. É o curso natural das coisas. E não precisa ser sinônimo de solidão, doença, tristeza. Em lugar de fim, pode ser evolução, revolução, reinvenção. Pode e deve ser algo bom.

Vivemos como se o amanhã não fosse chegar, em vez de vivermos bem e intensamente, tendo essa realidade como alerta. Tapamos os olhos, como se assim o futuro ficasse impedido de prosseguir, investindo nossas forças em retardar o tempo, ou pelo menos os seus efeitos em nós. Tudo para os olhos, nada para o coração. Focamos a saúde do corpo, a beleza, o bem-estar físico, mas não nos preocupamos com quem estamos nos tornando. Além do músculo, deveríamos alongar também o espírito. Fortalecer o humor e aprender a rir de nós mesmas, o que é primordial na idade madura.

SE O CORPO NÃO É MAIS TÃO FLEXÍVEL, AS IDEIAS PODEM SER

"Eu não quero me sentir jovem, quero me sentir ótima", diz uma das entrevistadas do documentário "Advanced Style", sobre o blog criado em 2012 pelo fotógrafo Ari Seth Cohen. Ele clica mulheres a partir dos 60 anos e as revela em seus gestos diários de colorir a alma com histórias, acessórios e humor. Mulheres que têm mais rugas "de riso do que de pranto", como diria Zélia Gattai.

Ainda bem que os tempos são outros. As mulheres acima de 50 da atualidade estão longe de pensar em se recolher e ficar invisíveis. Pelo contrário, elas estão se reinventando. Começando uma nova carreira, um novo casamento, aventurando-se em esportes radicais ou em viagens de autoconhecimento. Para essa geração, o trabalho funciona como fonte de prazer e energia.

A pirâmide etária brasileira está se invertendo e aposentar-se está longe de ser a única opção das pessoas que passam dos 60. As pistas de *cooper* estão repletas de senhoras e senhores sorridentes, planejando viagens, festas e negócios. E uma onda prateada vem invadindo as cabeças das mulheres, que decidiram se rebelar contra a ditadura da tinta. O que estamos vivendo é a afirmação da possibilidade da existência do próprio corpo sem a sua adequação a um único padrão de beleza feminino. Uma conquista muito ligada ao movimento feminista.

Para não perder mercado, o *marketing* da moda parece estar começando a rever seus conceitos. Não é possível que se imaginem as roupas apenas para os jovens, como se a partir de determinada idade as pessoas se tornassem invisíveis. Todas essas mudanças fazem parte do movimento *ageless* (sem idade), que vem acontecendo há cerca de duas décadas. Um de seus pilares é a valorização de cada pessoa pelo que ela é, e não por quantos anos tem. Uma ideia ainda um pouco romântica, mas que tende a se tornar realidade na vida de cada vez mais pessoas.

Este olhar cauteloso em relação à cultura da perfeição também alerta para um fato: uma coisa é querer parecer consigo mesma quando mais jovem, outra é usar os procedimentos estéticos buscando ser uma pessoa diferente. Usar os recursos para atenuar efeitos do tempo, e não para transformar as pessoas no que elas não são – nem nunca foram – é o que nos acena o bom senso. Em outras palavras, não há cirurgia plástica que satisfaça alguém desprovido de autoestima.

Aos poucos, a beleza começa a ser vista como um conjunto e, por esse novo ponto de vista, a maturidade passa a ser um ponto a mais. Sabedoria e serenidade são fatores que mudam a nossa postura. O tempo é um aliado, não um inimigo. Ele apura o estilo, refina o humor e nos ajuda a distinguir o essencial do perfeitamente dispensável.

Envelhecer pode ser deixar para trás as opiniões alheias e a obrigação de provar alguma coisa pra alguém. Tudo fica mais divertido porque somos mais livres. Demorei muito para chegar a esse momento em que sou absolutamente eu mesma. Agora eu quero é aproveitar. E você?

MEUS 50 ANOS: MODA É PARA TROCAR DE PELE

Sou publicitária, trabalhei 20 anos criando campanhas publicitárias em agências e, em 2007, a partir de uma reviravolta em minha vida pessoal, criei dois blogs que deram novo rumo à minha trajetória profissional. Hoje, produzo conteúdo digital, tenho colunas em rádios e revistas, faço podcasts, palestras, dou aulas, escrevo livros.

Para caracterizar o meu estilo, escolho a palavra camaleoa – e já não sei se sou muitas mulheres no vestir porque faço muitas coisas diferentes ou se a própria versatilidade do vestir é que pariu essa multiplicidade de funções que jamais imaginei pra mim. Uma coisa alimenta a outra, num delicioso e colorido círculo vicioso. Gosto do poder que a moda tem para me transformar numa pessoa diferente a cada nova produção.

Eu me apaixonei pelas possibilidades do vestir aos 20 anos e consumi muito até os 40. Tive todos os tipos de roupas que quis ter na vida e acho que realizei todos os meus desejos de moda. Fico feliz com o que temos no Brasil, onde a boa moda, por outro lado, costuma ter um preço alto. Mas aprendi a fazer compras inteligentes: meço o valor de uma peça pela quantidade de vezes que vou poder usá-la, o que tem a ver com versatilidade e qualidade. Aprendi, com o tempo, a gostar mais das possibilidades de combinação do que do consumo em si. Hoje, a moda que me interessa é a de boa qualidade, que dure muito no armário e que me possibilite variar as produções. Priorizo os tecidos naturais, já que a menopausa me deixa mais calorenta que o habitual. Amo os sapatos baixos e confortáveis, que com roupas amplas costumam dar um resultado bem chic. Deixo os saltos para ocasiões especiais, nas quais eles se tornam protagonistas, trazendo uma dose extra de feminilidade.

Mas se tem uma palavra que assume uma importância cada vez maior pra mim é o simples. Eu quero tudo isso que citei, mas com praticidade e sem gastar muito do meu tempo com isso. Minhas prioridades mudaram.

Eu adoro o preto, mas passei a usar mais cores depois que assumi o cabelo grisalho, para não entristecer a produção.

Um recurso para quando quero usar somente o preto, para não deixar o resultado monótono, é a mistura de pretos com texturas diferentes: linho, telados, rendas, malha, seda. Amo também as peças únicas como vestidos e macacões, e abuso das peças soltas, fazendo as amarrações, sobreposições e brincadeiras com comprimentos uma forma de tirar o resultado do lugar-comum. Gosto de comprimentos mais generosos, mas também amo uma minissaia e não pretendo abrir mão dela. O segredo mora no equilíbrio: se a saia é mini, a parte de cima não é apertada nem decotada demais.

Enfim, eu vejo a roupa como uma espécie de alma, uma moradia do corpo. Por isso, sagrada. A forma de vestir revela o conforto – ou desconforto – de uma pessoa em sua própria pele. Há os que moram fora de si. Que não se sentem à vontade sendo quem são. O incômodo se revela em sua forma de vestir e, olhando mais de perto, também em sua forma de morar. Acredito que as escolhas particulares para vestir e morar são verdadeiros inventários da autoestima. A roupa é a nossa primeira casa, que nos protege, agasalha, conforta. Noutra casa maior ainda, feita para morar, assentam-se corpo, alma, roupa, mundo. Ali os objetos que amamos – ou que nos falam de quem amamos. Ali as cores que nos alegram, as formas que nos abraçam, os espaços por onde entram novos mundos. Ali a luz que nos amanhece, os cantos para os quais fugimos.

Roupa é reflexo de como eu me trato. Gostar do que visto é gostar de estar em mim. Morar em mim. Esse estar confortável em si mesmo, como quem acha posição gostosa pra dormir, é um aprendizado particular. Não há como aprender com o outro a ficar satisfeito com seus próprios caminhos. É um exercício pessoal e intransferível – e muito gostoso, eu garanto.

PARÊNTESIS: QUANDO RESOLVI ASSUMIR MEU CABELO BRANCO

Meus primeiros fios brancos surgiram aos vinte e poucos anos. Eu dava um jeito de não os ver. Tingia de cores variadas, até me assentar num tom de preto que me parecia natural. Tanto tempo indo no cabeleireiro retocando a tinta e eu praticamente esqueci a cor natural do meu cabelo. E ela mudou, mesmo que eu tenha insistido em sufocá-la com a máscara da juventude, como o criminoso usa um disfarce para fugir da polícia.

Mas o tempo passa. Independentemente da nossa vontade. A caminho dos 50 e pintando o cabelo todo mês, eu via multiplicarem-se as raízes prateadas – e achava bonito, confesso. Mas logo estava no salão de novo, num movimento automático, varrendo o tempo para debaixo do tapete.

Ao longo da trajetória, tomei gosto pela mudança. Se meu cabelo já se vestiu de tantas cores, por que não me aventurar pelo grisalho? Numa espécie de segunda adolescência, passei a sonhar com o cabelo branco, como esperei ansiosa pela primeira menstruação – e como demorou.

De mãos dadas com meu namorado e minha cabeleireira, deixei a raiz crescer livre, ignorando espelhos e olhares. Difícil foi suportar a bipolaridade do fio – uma metáfora da transição. Como numa linha do tempo, o fio nasce ignorando a opinião alheia. No meio do caminho, baixa a autoestima e sucumbe à pressão para esconder a data de nascimento, essa ficha criminal.

Mas eu queria conhecer a nova velha eu. Para não correr o risco, cortei a espera pela raiz – ou quase. Entrei no salão morena e saí um tanto grisalha, um tanto careca – monja do tempo e do vento. Olhei para o formato da minha cabeça, reconheci um rosto inédito e com ele nasci de novo. Botei a cara na rua, ostentando a medalha que eu mesma me dei. De prata, sim, porque essa é outra lição: não é preciso ser a primeira nem provar nada pra ninguém.

Curiosamente, essa mudança aconteceu exatamente 30 anos depois da primeira vez que cortei meu cabelo bem curtinho – e nunca mais deixei crescer. Alguns capítulos adiante, você vai ler essa história com detalhes. Posso dizer que assumir os fios brancos foi tão transformador quanto esse corte de cabelo histórico, em 1989. Mesmo que eu resolva pintá-los de novo daqui a algum tempo. No momento em que escrevo isso, completo 18 meses de convívio com a minha revolução prateada – e só posso dizer que nem penso em mudar de ideia por enquanto. Mas posso dizer que fico feliz por integrar esse movimento libertador de olhar para o tempo e para a vida como eles são – e celebrá-los. De preferência, com muito charme e criatividade.

O tempo passa. Revela a essência das minhas vontades, me ensina a aceitar mais e sofrer menos. Não se vai para a cama jovem para acordar velho. Tudo é transição, paciência, curso e respiro. O tempo passa e até ele tem o seu tempo.

Para inspirar, convidei algumas mulheres maduras para me ajudarem a refletir sobre como ele vem mudando (ou não) ao longo do tempo.

DANIELLA ZUPO, 49 ANOS: ELEGÂNCIA ROCK'N' ROLL – E PROGRESSIVA!

Até os 20 anos, Dani praticamente não se importava com roupas. Foi *hippie* lá pelos vinte – *"Uma hippie tardia, dos anos 80"* brinca ela. Jornalista, escritora e documentarista, Dani se casou com um alemão e morou no país dele no começo do casamento. Foi lá que ela incorporou o tênis ao seu dia a dia, nos *looks* casuais – o hábito ainda não tinha chegado ao Brasil. *"E aprendi a usar cachecol, casaco, o que acabou mudando o meu jeito de vestir."* Dani voltou da Europa valorizando mais os clássicos e sabendo combiná-los com jeans. Hoje, ela se sente mais segura com seu estilo pessoal.

Os grisalhos, assumidos aos 43, durante um desafiador tratamento contra o câncer, a levaram a ficar mais despojada. *"Mas aprendi a colocar um conceito no que visto."* Ela conta que seu estilo mudou bastante depois dos 40 e isso tem muito a ver com a sua opção pelos grisalhos – mas faz questão de frisar que não é presidente do Partido das Grisalhas, o que quer dizer que nada impede que ela apareça com os cabelos pintados qualquer dia desses. Quem amadurece como a Dani sabe que não adianta fugir de um padrão para cair em outro, concorda?

Hoje, ela curte mais moda e gosta de informação de moda. Mas ressalta que o mais importante, para ela, é ter conforto e elegância. Dani dá mais valor à liberdade de estilo: preocupa-se menos com tendências e não se atém ao "certo ou errado".

Moda madura, para ela, é a moda que prioriza a personalidade. Acho que isso fica bem claro quando a gente olha para ela. Se a Dani já era uma mulher bonita, o tempo só sublinhou isso.

CAMILA FAUS, 48 ANOS: SEM REGRA, SEM TABU, SEM PRECONCEITO

Camila é diretora de cena no mercado paulistano e cofundadora da plataforma Shet_alks, que envolve um site, um podcast e um perfil no instagram para falar sobre mulheres de 45 a 60 anos.

Para ela, vestir sempre foi algo intuitivo. *"Nunca fui dessas que prova um monte de coisas e tem facilidade de pensar em vários* looks. *Não consigo deixar roupa escolhida na véspera."* Tudo começa quando ela abre o armário, pega uma calça aqui, uma blusa ali e pronto. (Ela é do meu time!)

Camila não tem peças preferidas, mas teve uma fase meio fissurada por calçados e bolsas, que *"fazem toda a diferença num* look". Concordo.

E foi aos 35 que Camila notou uma mudança no seu jeito de vestir. *"Depois dos 40 eu já estava safa"*, ela brinca. Mas admite que passou a usar mais cor depois dessa idade. Era muito do branco, do preto e do cinza. Pra você ver que amadurecer não significa entristecer o *look*. *"Gosto de me vestir bem e isso significa estar bem"*, ela diz. *"Pode ser um jeans e uma camiseta, mas aí eu vou lá e coloco um sapato meio nada a ver. Não sou de acompanhar tendências, desfiles, mas curto uma roupa bem cortada, de bom acabamento."*

Para ela, moda na maturidade é vestir o que quiser, sem regras. Ou seja, ressaltar o que já era característica de uma mulher eclética e livre no vestir. Viva!

FÊ GUERREIRO, 48 ANOS: ESTILO PRÓPRIO DESDE SEMPRE

A escritora e roteirista Fê Guerreiro é cofundadora da plataforma Shet_alks, junto com a Camila. Sua relação com o vestir hoje é o que a faz se sentir bem. E isso inclui a parte física e emocional. *"Você nunca irá me ver com um sapato que me machuca ou com uma calça que me aperte"* ela diz. Além disso, ela não abre mão se de sentir ela mesma. Quer um exemplo? Ela jamais vai usar um salto num casamento só para atender à convenção. Mas é capaz de usar um salto só para ir à padaria, se acordar com esse *mood* (bem eventualmente, claro, e jamais um salto fino). Ao longo da vida, Fê teve várias fases. E se lembra de duas, em particular: a fase meio "riponga", da faculadde, e aquela em que adorava usar gravata com tênis All Star, uma meia de cada cor. *"Nenhuma dessas fases tem mais nada a ver comigo, mas foi ótimo poder passar por elas"*, admite. *"Sim, eu tenho minhas roupas preferidas e, geralmente, são as que mais uso. Tenho até que anotar quando e onde usei, senão vou sempre com as mesmas nos mesmos lugares."*

Ela admite que adora comprar roupa, mas compra poucas porque é difícil achar uma de que realmente goste. *"Primeiro, porque tenho culote e coxão, então não é tudo que me cai bem. E segundo porque tenho um gosto muito particular. Gosto de calça pantalona, roupas largas, vestidos até o pé, e sou monocromática. O que acaba acontecendo geralmente é que compro uma roupa com potencial de virar algo que eu goste e vou cortando aqui e costurando ali, até ficar do jeito que eu gosto."* Isso é que é personalidade.

Fê percebe uma mudança em sua forma de vestir ao longo dos anos, mas não atribui isso ao fato de ter feito 40 anos. A idade para ela nunca foi impeditivo para nada. *"Mas não sei se isso é porque eu acho que cada um pode usar o que quiser (e de fato eu acho) ou se é porque, como nunca usei 'roupas de jovem', como minissaia, barriga de fora, shortinhos no meio da bunda, não tive (de acordo com os padrões da sociedade) que mudar nada com a idade."* O tipo do caso em que o autoconhecimento chegou antes.

Para ela, moda na maturidade é *"quando você veste a roupa, e não quando a roupa veste você. É quando você dá a sua cara para a roupa e se sente livre, e não refém dela"*. Eu adorei isso!

Quando perguntei como a Fê define o seu estilo, ela disse "Esquizofrênica, hahaha". Deu para ver que humor é uma característica dela, concorda? E quando a gente tem um traço marcante, ele aparece também na nossa forma de vestir. *"Cada fase da minha vida eu me senti de um jeito diferente e a forma como eu me visto sempre expressou isso de alguma forma. Já fui mais boho, mais masculinizada, mais romântica, mais moderna, all black, clássica com toque pop, um pouco de quase tudo (engraçado: o estilo perua e o esportista, eu nunca fui). Apesar disso, parando pra pensar agora, tem duas coisas que nunca mudaram desde que me entendo por gente: meu batom vermelho e minha fixação por óculos."*

Entendeu o que é ter estilo desde sempre? A fala da Fê confirma o que digo neste livro: ter estilo não é se vestir a vida toda do mesmo jeito.

MAILDA COSTA, 54 ANOS: FRESCOR E LEVEZA, COMO O SORRISO QUE VIROU SUA MARCA

Quando a consultora de imagem Mailda Costa era criança, sua mãe tinha pouca intimidade com a máquina de costura, mas se virava para confeccionar as roupas da família. Para os casamentos, o pai mantinha dois chapéus e dois costumes da época de solteiro. A mãe completava o guarda-roupa de duas portas com um vestido de festa em linho rosa.

Aos 93 anos, a mãe de Mailda nunca usou calça comprida nem peças largas. Gosta de tudo acompanhando o formato do seu corpo – *"com um respiro, claro"*, salienta a filha coruja. Não é para menos. *"Meus pais me ensinaram a apreciar roupa bem cortada e muuuuito bem passada"*. Já adulta, o trabalho de Mailda lhe proporcionou adquirir alguns vestidos, que faziam sucesso entre as colegas. Não raro ela emprestava um ou outro para cópia. Hoje, seu propósito é ajudar as pessoas a expressarem suas qualidades interiores através do vestir. Mailda acredita que cada um traz uma bela singularidade, e é essa unicidade que *"nos torna necessários e preciosos"*.

Hoje ela se arruma com conforto, o que para o seu corpo significa toque leve e frescor. *"Quero em minha pele o pousar dos vestidos soltos em viscose. Hummm, que respiro gostoso. Para passear e trabalhar, adoro costumes em linho, temperados com o algodão das minhas camisas. Nada romântica, arregaço as mangas e saio feliz e confiante"*, ela poetiza.

Mailda adora acessórios impactantes, grandes e coloridos. Os prediletos? Óculos diferentões. *"Me sinto muito maravilhosa com eles"*, revela com o sorriso largo que se tornou sua marca registrada. *"Depois que descobri que minha boca é linda, me apaixonei por batons. Meu preferido é o roxo, mas também abuso dos rosados e vermelhos."*

Pelo visto, o tempo só vai alargar o sorriso da Mailda.

201

MARY ARANTES, 64 ANOS: ELA É O QUE VESTE (E ELA NÃO É QUALQUER UMA!)

"Sinto que minha relação com a roupa sempre foi independente da moda", resume a Mary, designer de moda e acessórios e dona de um dos olhares mais apurados que conheço.

Mary vem de uma família de 8 filhos, pai alfaiate e mãe professora primária. Todas as suas roupas, sem exceção, tinham sido das irmãs mais velhas. *"Quando comecei a ganhar dinheiro, gastei demais em roupas, pra tapar esse buraco. Faz tempos, graças a Deus que troquei a tara por roupas pelos livros. Mas, claro, sou uma mulher normal que sempre vai amar roupas novas. Mas as minhas compras, hoje, são 80% roupas de brechó. Acho simplesmente o máximo. O que não te serve, pode ser luxo pra mim."*

Na adolescência, ela fazia sua própria roupa. O pai alfaiate e a mãe (que também sabia costurar) a ajudavam no processo, que se resumia em emendar microtecidos, rendas, tingir. Reaproveitar sempre fez parte do seu modo de ser. *"As pessoas me perguntavam se eu era hippie, pois na época não existia outro adjetivo pra que eu era."*

Nada existia no mercado que a agradasse. *"E, se existisse, eu também não tinha grana pra comprar. Meu modo de ser e ver o mundo sempre foi da terceira margem do rio, como disse Guimarães Rosa."* Mary sempre amou roupas largas, imensas, que a deixassem livre para voar. Ao longo da sua vida sempre teve pouquíssimas calças. *"Sou mulher-saia"*, ela brinca. Sempre amou vestidos e caftans, roupas étnicas, bordadas, de linho. A cor também sempre foi fundamental, mas nunca a cor da moda. O que não significa que ela não tenha espaço para o preto. *"Não tem como não o amar"*, ressalta.

Ela conta que sempre foi muito exigente com sua imagem e tinha a autoestima lá embaixo, fruto de uma educação muito rígida. Roupas sem manga não entram. Alças, nem pensar. Acima do joelho também não. *"Temos que ter senso crítico pra tudo e o melhor senso se chama espelho. Mas nada contra quem usa alças, decotes, roupas sem manga, depois dos 80, inclusive, como fez lindamente a Lili de Carvalho Marinho"*.

Para ela, a moda madura não tem vínculo com tendências – palavra de que, aliás, ela nunca gostou (confesso que nem eu). *"Uso o que gosto, o que fica bem em mim, o que vela meus volumes indesejados."*

Outra coisa importante para ela é a qualidade. *"Quando ficamos mais velhos, a gente não se satisfaz mais com qualquer coisa. O que funciona com as pessoas funciona também com os itens do guarda-roupa: preferimos ter poucos e bons."* O que me lembra uma frase que eu costumava dizer para a minha avó Juju: "Envelhecer é saber escolher".

O amadurecimento apenas refinou o seu estilo. Prova disso é que, quando olha para suas fotos antigas, Mary depara com a mesma mulher. *"Sempre amei o diferente, o estranho, o esquisito. Minha mãe dizia que eu tinha um gosto estragado..."* Eu chamaria de gosto ímpar, na melhor acepção do termo. Mary ama roupas confortáveis, que dizem quem ela é e o que pensa. Sua roupa é seu carimbo, coerente com o que faz e com o que acredita. Amante do artesanato, da arte e do *design*, o que ela veste mostra a sua forma de ver o mundo. Que, por sinal, é linda e única.

CIDOCA NOGUEIRA, 54 ANOS: LIVRE EM TODOS OS SENTIDOS

Uma pessoa livre. A maquiadora Cidoca Nogueira é uma mulher exuberante por sua liberdade e sua forma absolutamente verdadeira de ser. *"Meus pais me criaram bem livre, para que eu me expressasse como eu quisesse, da minha maneira. Como fui filha única por 21 anos, a preocupação deles é que eu não fosse uma pessoa egoísta na vida. Cresci dividindo minhas coisas com minhas primas, com meus amigos. Então sempre me vesti do jeito que quis."*

Cidoca nunca foi uma pessoa de gastar muito com roupas, pois sempre ganhava muitas delas. *"Quando alguém achava uma roupa colorida demais, logo me presenteava com ela"*, ela brinca. *"Fico vendo minhas fotos antigas: quando pequena, minha mãe sempre me vestiu com vestidos coloridos, já me mostrou os perreras!"* repare o privilégio: a autoestima fez parte da educação dela. Quem convive com ela percebe que isso transparece no seu jeito de ser. Cidoca é uma das pessoas mais alegres e doces que eu conheço, colorida em todos os aspectos.

Uma relação livre com o vestir, para usar o que bem entender e também para mudar quando bem entender. Tem coisa melhor? *"Eu acho que sou bem versátil"*, ela confirma.

Cidoca também adora usar roupas de ginástica mescladas a outros estilos de roupas. *"Eu gosto mesmo é de inventar"*, ela entrega. *"Eu transito muito, gosto dos vestidos, das calças, das camisolas. Misturo tudo e aí sou eu."*

Talvez, por viver essa liberdade desde cedo, ela não sinta que mudou seu modo de vestir depois dos 40. Continua gostando de decotes, de roupas coloridas, confortáveis, amplas, gostosas. *"Como eu tenho um estilo que é meu, acho que vou levar isso pra sempre. Sou verdadeira com a minha pessoa, com o meu modo de vestir e ser. Acho que, velhinha, vou ser do jeito que eu sou. Continuar sendo eu. Pode ser que eu mude também, né? Não sei. Eu acho que vou ser sempre essa pessoa livre. Em todos os sentidos. Inclusive no vestir."* Eu não acho, eu tenho certeza.

205

TATI GABRICH, 46 ANOS: O VESTIR COMO A VIDA, COLORIDO E CHEIO DE CURVAS

A advogada e consultora de imagem Tati Gabrich acredita que o autoconhecimento é a chave para não se perder em modismos e seguir o que é definido e quase imposto para se estar na moda. A sua história com o vestir ilustra isso lindamente.

Até os 30 anos, Tati alisava seus cabelos anelados com produtos fortíssimos, que chegaram a machucar o couro cabeludo. *"Pra você ter uma ideia, o meu primeiro namorado nunca soube que os meus cabelos eram crespos. Imagina que prisão!"*

"Depois dos 40, sem dúvida, me sinto muito mais confortável na minha própria pele." E esse processo de aceitação tem muito a ver com o fato de ter assumido os cabelos cacheados. Foi a partir da libertação dos cachos que ela se permitiu ousar em tudo na vida. *"É realmente impressionante como a imagem da gente reflete as transformações que acontecem dentro de nós. Eu precisei romper padrões e crenças limitantes para assumir uma Tatiana mais colorida, criativa, cacheada."* "Descolada" é um adjetivo que ela passou a ouvir com frequência. As pessoas dizem: *"Nossa, você não tem cara de advogada, mas, sim, de arquiteta!"*. Na família do pai, de quem Tati herdou os cachos, ela foi a primeira mulher a assumir os cabelos naturais. *"Sinto muita alegria por ter rompido esse ideal de beleza que me foi imposto, e sou grata às amigas queridas que me ajudaram nesse processo."*

E que processo bonito, esse. Tati conta que não foi só a sua forma de vestir que mudou, mas a sua maneira de olhar a vida. Aos 46 anos, com os frutos colhidos por tantas transformações, ela prioriza roupas que são feitas no Brasil, é admiradora confessa da moda mineira, valoriza o trabalho artesanal e se encanta quando vê, por exemplo, uma coleção inspirada em arte. *"Tenho paixão por conhecer a história que inspira o processo criativo de uma coleção de roupas. Afinal, somos feitas de histórias. Ao me vestir, além de priorizar o conforto, gosto de saber que estou usando uma peça que foi pensada, fruto de uma mente inquieta, questionadora, criativa."*

Tati tem prazer em se sentir bonita ao se vestir e tem especial encanto pelo universo das cores, por seu efeito esté-

tico e psicológico como o elemento da roupa com maior impacto visual. Foi isso que a levou a fazer uma parceria com a maquiadora Cidoca Nogueira, para prestar consultoria em coloração pessoal. "As cores vieram como um sopro de vida para o meu dia a dia como advogada, e entre tantos outros presentes, ampliaram o meu olhar para o mundo. Quando a gente descobre a força emocional das cores, cria uma pintura poética própria." É guiada pelas cores (e por um olhar poético mesmo) que a Tati se veste e isso fica muito claro – e lindo para quem vê e convive com ela.

SAMIRA CAMPOS, 57 ANOS: A LIBERDADE NAS CORES E FORMAS DO MUNDO

A *designer* e jornalista de moda Samira Campos é apaixonada por moda desde pequena. Sua mãe costurava as suas roupas e as da sua boneca Susi. Os dias e horas se passavam com as amigas, fazendo trocas de roupinhas.

Aos 13 e com 1,00 de altura, Samira trabalhou como modelo. Depois entrou para o jornalismo e mergulhou nos livros de moda para fazer matérias sobre o assunto, até ter seu próprio programa de TV, na Rede Globo de Santa Catarina. Foram 33 anos cobrindo desfiles e entrevistando estilistas (foi nas coberturas de semanas de moda que nos conhecemos). Ela passou os anos 80 enfiada em terninhos para assumir a postura de apresentadora e repórter de TV. "*Se eu encontrasse a Samira dos anos 80 e 90, o relacionamento seria péssimo!*" ela brinca. "*Havia naquelas roupas uma necessidade de provar inteligência, força, seriedade, capacidade, quase tudo!!*". Nos anos 90, chegou a comprar muitas calças iguais de uma vez. Mas a compulsão demorou pouco. A mulher alta, magra e ainda sem noção espacial do próprio corpo começava a questionar conceitos. "*Por que toda mulher tem que ter peitos grandes, eretos e apoiados por superwonderbras Victoria's Secret? Comprei vários e odiei cada instante que usei, até retirar aquela camisa de força pra voltar a respirar. Hoje, quando vejo uma mulher de saia lápis de couro, blusa decotada e apertada e salto stiletto, tenho pena. Acho tão século passado, tão cansativo ter que se mostrar sexy o tempo todo para o mundo.*"

Foi aos 50 que Samira fez "*a grande travessia*". "*Cada mulher descobre seu estilo em um momento diferente, e isso depende de suas experiências pessoais, profissionais e de muito autoconhecimento. E não basta se conhecer, é preciso ter coragem para mudar.*"

Viajar para o sul da França e para o Marrocos foram influências bastante fortes. A bolsa preferida virou a de palha, dos mercados de rua franceses, vinda de lugares distantes como Gana ou Marrocos. Ali ela começou a traçar os próximos destinos turísticos, que viraram inspiração para a sua

própria marca (a Ethne). "*Eu queria uma roupa solta, confortável, colorida e cheia de histórias para vestir. Eu vivia a ressaca de um divórcio traumático, mas me vi plena num caftan. E me imaginava amiga de Yves Saint Laurent e Talitha Getty (ícone do estilo bohemian chic), com liberdade para usar acessórios bérberes, muitas cores e estampas em looks que eram verdadeiras viagens culturais. O caftan tomou conta do meu guarda-roupa e eu passei a tomar conta dos meus gostos, sem me importar se alguém julgava ser muito tecido, pouco sexy ou muito extravagante. Eu tinha me tornado livre.*" E poderia viver de sandália baixa ou chinelos franciscanos de couro – "Ficam ótimos com caftans!", ela diz.

Para Samira, maturidade é quando o discurso coincide com a vivência. "*Meu estilo é minha casa, meu pé no chão, meu caftan diário, meu jardim, minha ioga, minha bússola solar, meu gosto pelo exótico e pela beleza de tudo que é natural.*" Ela quer celebrar através da moda a diversidade, a autenticidade, as histórias e vidas que a produzem. Quer ser sustentável num estilo conectado com a sua essência e com um novo mundo, "*menos pretensioso e mais empático*".

HILAINE YACCOUB, 43 ANOS: VESTIR A ROUPA, NÃO A MODA

Hilaine é doutora em Antropologia do Consumo. Palestrante e consultora, faz estudos que promovem a ligação entre o mercado consumidor, o conhecimento acadêmico e as empresas.

Apesar do seu olhar apurado sobre o consumo, sua relação com as roupas já foi complicada. *"Eu não acertava o tom, não me adaptava aos jeans ou a qualquer modelagem que era moda na minha adolescência e juventude (anos 90 e 2000)."* Quando entrou para a faculdade de Antropologia, Hilaine admirava as professoras – mulheres de 50 a 60 anos, simples e elegantes, que usavam cabelos presos ou curtos, pouca maquiagem. Bolsas grandes feitas com materiais diferentes e design diferenciado. O que mais chamava a sua atenção eram os tecidos naturais, modelagens amplas, cores neutras. Hilaine morava no Rio, onde não havia lugar para tecidos sintéticos, a não ser nos poucos dias de inverno em que uma parca cheia de bolsos pode ser útil.

"Fazer 40 anos me libertou para combinar minha idade mental (sempre fui um espírito velho) com a minha idade cronológica. Isso me deu liberdade para assumir gostos e trazer essas referências, com uma pegada mais moderna."

"Eu visto roupa, não visto moda", diz Hilaine. A busca por um estilo próprio durou duas décadas, e serviu para suas experimentações, para se ver e sentir o toque dos tecidos, dos materiais e eleger o que mais gosta. *"Desenvolvi uma habilidade para curadoria. Gosto de tocar, saber a procedência da marca, da estilista, do tecido. Priorizo o custo-benefício, sou fiel às modelagens, à marca que me serve e constrói uma identidade próxima. Essa troca me poupa tempo. Não tenho um guarda-roupa, e sim um acervo. Ali posso ser muitas, sempre com o que considero importante para estar bem vestida (boa modelagem, tecido, acessórios e caimento). Nada é de marca famosa, nem os acessórios. Aprendi a planejar meu acervo como quem planeja um enxoval. Por exemplo, hoje compro peças sem salto muito alto, porque daqui a uma década o sapato precisa estar confortável, assim como tamanho da cintura etc. As roupas têm uma durabilidade absurda*

e doo muitas peças das quais já me cansei."

Depois de 40 anos de puro "anonimato", hoje ela imprime um jeito singular de se mostrar, mais condizente com seus gostos, expressões artísticas, culturais e profissionais. Hilaine vive na ponte aérea Rio-São Paulo e isso traz para ela uma pluralidade de estilos. Para o Rio, prefere tecidos naturais, acessórios que não pesem e que sejam compatíveis com o calor. Já o clima paulistano pede peças mais austeras: tecidos tecnológicos, sapatos fechados, mochilas diferentes, acessórios de metal. Até penteado e maquiagem mudam. Cinza, preto e branco predominam. Acessórios como echarpes são mais comuns e as cores aparecem nos detalhes – esmalte, lenço, bolsa, sapato.

Para ela, a moda na maturidade é a possibilidade de liberdade e também um palco para a sabedoria conquistada ao longo do tempo. *"Aprendi que uma boa produção mexe com a gente por fora, mas faz bastante diferença no que nos proporciona por dentro."* Sabe tudo, essa menina.

VESTIR OU NÃO VESTIR A IDADE?

Se uma das funções da roupa é ajudar a nos apresentar para o mundo, mais importante ela se torna à medida que o tempo passa. E melhores nos tornamos na brincadeira de vestir. Até porque estamos alguns níveis acima em autoconhecimento. Sim, você demora anos para encontrar e apurar o seu estilo, para então ver o seu corpo mudando. É preciso conhecer e reconhecer o seu corpo constantemente, e preparar-se para fazer pequenas mudanças de rota à medida que ele se transforma também.

Mas se tem uma coisa definitivamente fora de moda é aquela matéria de revista com títulos como: "Provocante aos 20, sensual aos 30, clássica aos 40, charmosa aos 50, elegante aos 60". Não existem mais fronteiras entre as faixas etárias. Mais do que isso, a idade está longe de determinar o nosso jeito de vestir. O estilo de cada um é uma construção pessoal, na qual a idade pode até influenciar, mas está longe de definir.

==Rir de si mesma, ser livre, ligar o "foda-se" dizer não e não ligar para o que os outros pensam. Os maiores desejos das mulheres que já passaram dos 40 podem perfeitamente ser exercitados no vestir.== E brincar com essas possibilidades é um direito que conquistamos. Somos maiores, pagamos nossas contas e não temos que dar satisfações para ninguém. Então a gente faz do nosso guarda-roupa (e da nossa vida) o que bem entender.

==Em resumo, a moda madura é um reflexo da identidade que construímos ao longo da vida,== uma evolução natural do nosso jeito de vestir. Tem muito mais a ver com a construção ao longo dos anos do que com a idade em si. E continua sendo uma combinação entre a sua personalidade e o que é essencial para você. E isso muda, claro, à medida que o tempo passa. Na maturidade, o sentido da "moda intuitiva", esse termo que cunhei em 2013, atinge a mais alta potência na vida de uma mulher. É o momento em que ela está mais conectada à sua essência. Prioriza o sentir e as sensações, mais do que a aparência. E nesse conceito estão inseridas palavras como básico, clássico, consciência, conforto.

Como resultado de anos de autoconhecimento e também de anos abastecendo o guarda-roupa, a moda madura recebe bem as experimentações e sobreposições. Está aberta a misturas e muito menos preocupada com tendências. ==Com mais segurança e conhecimento sobre o que fica melhor em si, torna-se mais fácil se vestir.==

Mulheres maduras não precisam se vestir ou se comportar de forma conservadora. A verdade é que elas estão mais confortáveis em seus corpos e roupas. São mais serenas e confiantes, justamente pela sabedoria trazida pela idade. O principal fator de mudança nessa história é justamente saber dar as costas para o que os outros pensam. Mulheres satisfeitas com a idade que têm não tentam desesperadamente parecer mais jovens. E o estilo vem antes da maneira de vestir: vem da forma de encarar a vida.

Na maturidade, o melhor jeito de vestir é aquele que mais nos aproxima do que nos tornamos e de como nos sentimos. Simples assim. O resto é a opinião dos outros, e isso a gente já aprendeu a ignorar faz tempo.

ROUPATERAPIA

**EXERCÍCIOS
DIVERTIDOS DE
MODA INTUITIVA**

Para os exercícios que vou propor aqui, o ideal é ter um espelho de corpo inteiro, um espaço com privacidade, música e a câmera de um bom smartphone. Acrescente a isso muita paciência, prazer e senso de humor.

A ideia é partir do básico e variar um pouco a cada dia. Brincar com cores, depois com proporções, mais tarde investir em sobreposições e ir apurando. Dia a dia, procure evitar o óbvio. Com o tempo você vai começar a se soltar. Mais adiante, vai querer ir além. Como no videogame, a cada nova etapa o desafio será maior. O prazer também.

Vá se respeitando sempre, passo a passo, sem pressa. Não vista nada que a faça sentir-se desconfortável ou estranha. Esse longo caminho levará você ao seu próprio estilo. E quando você o descobrir, poderá inventar o que quiser, libertando-se de todo e qualquer manual de moda e passando a mandar em lugar de obedecer. Ter estilo é um grito de independência, uma inversão de papéis. De vítima da moda a lançador de tendências.

1. TREINANDO O OLHAR

Em toda e qualquer circunstância, mantenha as antenas ligadas. Observe, sinta, observe. Olhe para as pessoas e construa um dossiê imaginário sobre suas vidas. Adivinhe suas profissões, aponte traços e características que as suas formas de vestir denotam. Compare as pessoas e o que elas vestem. Faça análises críticas sobre suas escolhas. Liste o que você considera que poderia ser melhor. Encontre em alguns casos peculiaridades que podem ser um ensinamento, uma dica, uma ideia nova. Tente separar as pessoas em categorias: as que não têm estilo; as que estão descobrindo seus estilos; as que conhecem profundamente seus estilos. Compare-se com as pessoas que você vê. Procure as que considera ter alguma semelhança com você e compare suas escolhas com as delas. Use o seu olhar de observador para tentar se olhar também – de longe, de fora. O exercício de treinar o olhar serve também para as imagens que seus olhos alcançarem. Quando você se propõe a observar com mais atenção, passa a notar mais detalhes em tudo o que vê. Treinar o olhar é o primeiro passo para apurar seu gosto e seu estilo.

2. COMECE FAZENDO IGUAL PARA DEPOIS FAZER MELHOR

Todo início de aprendizado precisa de um modelo. Imitar uma referência é também uma ótima opção para os dias em que falta inspiração. Você começa reproduzindo algo, para depois descobrir sua própria forma de fazer e, mais tarde, deixar a sua marca na maneira de elaborar. Selecione imagens de que gosta e tente realizar produções de moda que contenham algumas características compostas naquelas imagens. Pode ser uma página da revista de moda do mês colada no armário. Imite um jeito de combinar as cores, uma sobreposição ou uma das peças que mais chamam a atenção. Imite os gestos da modelo, a postura, a boca. Brinque com isso. Procure imagens de pessoas com o tipo físico semelhante ao seu ou aquelas cuja atitude tem a ver com a sua. Neste exercício de buscar semelhanças, muitas descobertas podem ser feitas.

3. SEMANA TEMÁTICA

Eleja um tema ou um ponto em comum para as produções que você vai fazer durante aquela semana. Pode ser a semana do cinema, a semana do conforto, do jeans, do vermelho, das roupas novas, das roupas nunca usadas. Coloque o tema como um objetivo da semana e tenha-o em mente a cada manhã, de segunda a sexta. Vale pesquisar referências do o tema exigir. Não conto a ninguém, mas observo com presa reação das pessoas. Muitas vezes o tema parece uma forma de limitação. Por outro lado, limitações forçam nossa criatividade e nos impulsionam a superar limites.

4. UMA PEÇA, MUITAS POSSIBILIDADES

Eleja uma peça de roupa que será usada nos cinco dias daquela semana. Pense em algo menos óbvio que a calça jeans ou a bolsa. Pode ser um cinto, um colete jeans, um blazer, um sapato ou uma saia. A cada dia, monte uma produção diferente partindo daquela peça. É importante respeitar o humor de cada dia para compor a produção. Muito raramente isso vai dar certo se você planejar os *looks* com antecedência. A prática desse exercício ajuda a perceber o quanto uma mesma peça pode ser versátil e é um passo para frear o consumismo.

5. COLORIR

De segunda a sexta, deixe as cores guiarem suas produções. Antes de pensar nas peças, pense nos tons que quer coordenar. Vista-se como quem colore um desenho em preto e branco. Volte à infância e escolha peças básicas. Num dia, brinque com tonalidades claras. No outro, coordene cores opostas. Depois combine tons mais escuros. Outro dia, coloque três ou mais cores na produção e tente registrar para observar a paleta que você usou. Observe principalmente sua capacidade de fazer combinações que passem longe do óbvio. Tente coordenar tons que você não imaginou juntos antes.

6. NOVOS USOS PARA VELHAS PEÇAS

Sabe aquela saia que você nunca mais usou? Quem sabe ela pode se tornar uma blusa tomara que caia? Ou aquela saia longa que você não consegue coordenar com outras peças, até porque você é baixinha e a saia não favorece a sua silhueta? Que tal usá-la como um vestido, lançando mão

de um cinto para deixá-la com a cintura marcada? Use a *t-shirt* por cima da camisa dessa vez. Faça um lenço virar blusa, com amarração ou costurando mesmo. Use a camisa do namorado como vestido. Transforme o colar em cinto ou o cinto em colar. Use o vestido estampado por baixo do transparente. Ou coloque o vestido com calça e descubra que ficou lindo. Essa semana vale tudo. São cinco dias para você colocar em prática a sua criatividade, seu senso estético e, principalmente, sua coragem de ousar.

7. FORA DO CONTEXTO

Olhe para seu guarda-roupa como se ele não fosse seu. Investigue com um olhar desprovido de memória. Que vestido é aquele no canto, esquecido há anos? Você usou naquela festa e nunca mais? Quem sabe esse discreto vestido preto pode ir ao trabalho hoje, com um cinto e um blazer por cima? A cada dia dessa semana, selecione uma peça e dê a ela um uso inusitado, nunca antes imaginado.

8. INVERTA O SALTO

Nos próximos cinco dias, seja flexível. Coloque salto em produções nas quais você frequentemente usaria um sapato baixo. A cada dia, perceba o poder do salto para mudar a vibração de toda uma produção. Depois faça o contrário: use sapatos baixos com aquelas peças que sempre exigiram um bom salto. Perceba como você normalmente estava subestimando a versatilidade das peças que tem no armário.

9. DESCOMBINANDO

Esta é a semana de resistir às tentações. Toda vez que você for se vestir, ao pensar em uma peça de roupa para combinar com outra, resista ao primeiro impulso. Não se contente com a primeira ideia, que normalmente é a mais óbvia. Escolha peças para coordenar com outras que normalmente você não escolheria. Combine marrom com azul-claro e ainda dê um toque de coral. Complete o vestido com um tênis em vez da sapatilha. Faça escolhas imprevisíveis e surpreenda a si mesma.

10. PEÇA-CHAVE

Por cinco dias, eleja uma peça para iniciar o *look*. E não desista dela até ter montado a roupa com que você vai sair naquele dia. Comece dessa peça – pode ser um colar, um sapato, uma blusa, um cinto – e vá até o fim da produção partindo dela. Esse é um ótimo exercício para aprender a se deixar levar por caminhos inesperados. Vestir-se acaba sendo uma grande brincadeira, e você se diverte aprendendo.

11. NO ARMÁRIO DELES

Nesta semana, você vai investir em peças masculinas para compor alguma parte do seu *look*. Pode ser roubada do armário do marido ou do pai, ou pode ser uma peça feminina que veio do armário masculino. Escolha um blazer boyfriend, um sapato oxford, uma gravata ou uma camisa e monte um *look* com inspiração masculina. Componha com pelo menos um elemento feminino e vá em frente.

12. TERCEIRA PEÇA

Esta semana não vale sair de calça e camisa, saia e blusa ou algo que o valha. Tem que usar uma terceira peça sempre. Colete, blazer, jaqueta, casaquinho, casaqueto, bolerinho, xale, cachecol. Exercite sua criatividade e descubra o quanto uma terceira peça enriquece um visual.

13. ACESSÓRIOS

Esta é a semana do simples. Escolha roupas neutras e limpas e complete com um acessório. Um colar enorme. No dia seguinte, outro. Um cinto largo. Duas pulseiras, uma em cada punho. Vá à luta: deixe a preguiça de lado e veja o quanto os acessórios multiplicam as peças do seu armário.

14. ILHA DESERTA

Escolha aleatoriamente uma parte do seu armário e, durante esta semana, use apenas as peças ali localizadas. Faça de conta que você está viajando e só levou aquelas roupas. Obrigue-se a dar função para elas e produza cinco conjuntos para usar nos cinco dias da semana, usando somente aquele pequeno pedaço do guarda-roupa. Esse exercício é a prova de fogo para algumas peças que não têm mais serventia no seu acervo: aquelas que já deveriam ter saído do armário, mas às quais você estava apegada.

15. INTERCÂMBIO

Visite o armário da sua amiga, vizinha, mãe, avó e use uma peça emprestada de seu acervo. Aproveite para trocar peças, mesmo que temporariamente. Não vale algo que você esteja paquerando, mas sim alguma coisa que você acredite não ter muito a ver com você. Ou algo que parece antigo, esquecido por outra década. Exercite sua versatilidade e olhe para aquele guarda-roupa com curiosidade. Procure descobrir no seu armário possíveis combinações para aquela peça eleita.

223

16. MIX DE ESTAMPAS

Este é um exercício mais ousado. Sugiro fazê-lo dentro de quatro semanas. Em um dia de cada uma delas, faça um mix de estampas. É preciso praticar para produzir um bom resultado, até porque somar padronagens não é algo que possa ficar no meio do caminho. Ou você transmite personalidade ou deixa clara a sua insegurança. Quer uma dica? O ideal é que uma das estampas tenha a personalidade mais forte e a outra seja coadjuvante. Dois desenhos com grande presença vão brigar e provocar efeito equivocado.

Minha dica é começar com duas estampas em preto e branco. Misture sem censura, olhe-se no espelho e deixe o bom senso apitar. Para completar o quadro, arremate com um acessório de cor única e bem chamativa. Passados os primeiros exercícios, a brincadeira começa a se tornar mais divertida. A exemplo do preto e branco, comece a misturar diferentes estampas de outras paletas. Mas não se precipite: continue tentando escolher estampas que tenham a mesma base de cores. Com um pouco mais de prática, você poderá se aventurar por paletas complementares.

Gostou? Está na hora de ousar: escolha duas padronagens em cores diferentes. Comece pelas mais simples, como listrado de preto e branco conjugado com listrado de amarelo e laranja. Cores complementares funcionam bem nessa brincadeira. Com o tempo você vai ficando mais audaciosa. E descobre que para esse tipo de mistura não existe regra. As sensações é que dão o tom. Confie menos em regras e mais na sua intuição.

17. SEM DAR A MÍNIMA PARA O QUE OS OUTROS PENSAM

Este é o exercício mais difícil. A prova final. Quando o menino joga futebol preocupado em saber se o pai está vendo, seu olhar se divide entre a bola no campo e o pai na arquibancada. Vai ser difícil dar um show de bola sem se concentrar completamente no jogo. Com a moda é a mesma coisa. Como na meditação, em que o olhar se volta para dentro, é preciso saber esquecer que a vitrine é transparente e se concentrar na sensação confortável de estar ali "dentro", no silêncio do seu espaço. Ao vestir aquela roupa e caminhar carregando suas escolhas, o que você está sentindo? Que sensações aquelas roupas lhe trazem? Sabe aqueles dias em que você sai na rua se sentindo bonita? Pode ser todo dia. A confiança que vem de dentro muda o que você emite. Mas, antes de mais nada, você está concentrada em suas sensações e, principalmente, na satisfação que lhe deu a certeza de sair com aquelas escolhas. Vá em frente. Até as celebridades são constantemente criticadas. Não dá para agradar gregos e troianos. Mas é possível, sim, agradar a si mesma sempre. Pare de se preocupar com o que os outros pensam e saia por cinco dias dessa semana concentrada apenas em si mesma.

SEM IGUAL

TATUAGENS E OUTRAS FORMAS DE SER ÚNICO

Você conhece alguém que sonha ter os cabelos ondulados? Pois os meus pertencem a esse meio-termo infeliz: nem o ar angelical dos lisos escorridos, nem a aura sexy dos lisos esvoaçantes, muito menos as fantasias debaixo dos caracóis.

Por muito tempo acreditei que só com fios longos escorridos eu seria digna de respeito. Cresci vendo minhas irmãs alisarem os seus cabelos. Seguindo o exemplo, eu passava semanas debaixo do secador, uma vida fugindo da chuva e muitos banhos ouvindo o barulhinho da água batendo na touca. O nível mais baixo a que cheguei foi dormir com os fios enrolados ao redor da cabeça, detidos como criminosos por uma meia-calça. Naquele tempo, não existia chapinha. E eu me deitava um monstro na ilusão de amanhecer linda e bem nascida.

Até que me rendi ao corte da moda: o repicado. Subi uns dez pontos na escala do amor-próprio — não fosse o fato de me tornar mais uma sósia de Keith Richards, o que só percebi anos depois, vendo minhas fotos antigas. Os cabelos cresceram, fui de novo ao salão, mas não tive o mesmo sorte: o cabeleireiro errou a mão, cortando bem curto na frente e deixando um longo *mullet* para compensar. De roqueira a Chitãozinho e Xororó.

Apegada aos poucos fios longos que o corte me deixou, sustentei a situação por algum tempo. Eu trabalhava num banco quando finalmente fui salva: um dos clientes, cabeleireiro, colocou sobre a minha mesa o seu cartão de visitas.

Entendi o recado. No dia seguinte, eu estava diante dele, corajosa: "Corta tudo". Não imaginava que aquela frase pudesse proporcionar tamanho prazer a um homem.

Com suas mãos de tesoura, ele começou extirpando os longos fios aos quais eu havia me afeiçoado tanto. Balancei a cabeça para um lado e para o outro. Uma surpreendente sensação de leveza tomou conta de mim. O que aquele cabeleireiro havia acabado de tirar das minhas costas não era cabelo: era o peso da expectativa do mundo. Naquele dia, acho que nasci outra vez.

Hoje, mais de 250 cortes depois e já passando dos 40, eu me sinto como os meus cabelos curtos: em plenos 20 anos.

O episódio foi fundamental para que eu aprendesse que ser diferente, ao contrário do que aprendemos, é ótimo.

O CABELO | Escolha o melhor profissional para ser seu companheiro na definição dos cortes de cabelo da sua vida. Uma vez em boas mãos, não tenha medo de experimentar. Cabelos crescem. Cuide apenas para buscar as referências certas: observe pessoas que têm formato de rosto e traços próximos aos seus. E na hora de definir a cor da tintura ou das mechas (se for o caso), observe seus tons de pele, olhos e sobrancelhas. Converse com bons profissionais antes de dar esse passo. Nunca mude os cabelos porque alguém lhe sugeriu. Antes de mais nada, esse precisa ser um desejo seu. E não alise os cabelos só porque todo mundo está "usando" assim. Um belo cabelo crespo, se bem cuidado e bem cortado, pode ficar cinematográfico e ser a sua marca de charme e estilo.

O PERFUME | Ele é um dos mais importantes acessórios de moda, mesmo sem nunca ser visto. Como a música, os perfumes trazem de novo alguns momentos e sensações. O olfato é capaz de ressuscitar emoções antes mesmo que possamos identificar racionalmente o que as causavam. Um bom perfume é um grande aliado para marcar sua personalidade. Ainda assim, a cada estação as marcas investem nos lançamentos de suas fragrâncias, tentando pegar os mais desavisados em atitudes de impulso. Perfume é um detalhe muito pessoal. Não deve ser trocado a toda hora. Prefira investir num aroma que tem a ver com você e use-o por anos e anos. Não é maravilhoso alguém saber que você está chegando, só por sentir o "seu cheiro"? Se você escolhe uma boa fragrância que vai ser sua

companhia por um tempo, constrói uma história com ela. E marca a vida das pessoas pelas quais você passa. Então não economize tempo na hora de investir na escolha do perfume. Teste na pele, volte para casa, pense, encare como um relacionamento. A ideia é passar um bom tempo com esse novo perfume-companheiro.

OS ÓCULOS | Quando eu era pequena, usar óculos era uma condenação. Os tais "quatro olhos" eram vistos como pessoas menos interessantes, principalmente se fossem mulheres. Chique era usar lente de contato e agir como quem não precisasse de qualquer correção na vista. Mas nada como o tempo para mudar o valor das coisas. Os óculos estão se tornando acessórios de moda, moldura para os olhos, algo que ajuda a contar um pouco mais sobre a personalidade de quem usa. Como não sou lá muito convencional, passei a infância desejando usar óculos sem nunca ter tido um problema de vista. Mas quem espera sempre alcança. A vista cansada chegou aos 43. Aos 46, precisei de óculos também para enxergar de longe e hoje uso lentes multifocais, ou sou obrigada a franzir o rosto, o que acabará por me trazer mais rugas, além das que o tempo me deu. Fico feliz a cada novo par de óculos que consigo adquirir – há tantos e tão bonitos, concorda? É como escolher um enquadramento novo para a vida. Sem contar que eles me fazem ser mulheres diferentes, sem precisar de plástica alguma. São janelas divertidas para ver o mundo. Uma metáfora que ilustra devidamente a nossa abertura para o novo. E a verdadeira velhice começa por dentro: quando perdemos a flexibilidade e a capacidade de aceitar mudanças, mudar de lugar, de opinião, de defeito. A moda é um convite à diversão e à liberdade. Cabe a nós dizer sim ou não.

Quando você pensa em Jackie O., qual é a primeira imagem que lhe vem à cabeça? Um par de óculos escuros enormes. Faça como ela. Aprenda a entender o que valoriza seu rosto, escolha o seu estilo e escolha um ou mais pares de óculos para serem sua marca.

TATUAGENS | No tempo do meu pai, tatuagem era coisa de marginal, marinheiro, estivador, presidiário. Hoje, tatuagem é coisa de marginal, marinheiro, estivador, presidiário, patricinha, artista plástico, pitboy, hippie, funcionário público, sambista, cantora de axé, office boy, roqueiro, socióloga, ascensorista, fisioterapeuta, motoqueiro, fonoaudiólogo, professora, comissária de bordo, engenheiro, dançarina, advogada, diplomata. Enfim: difícil é achar alguém que não tenha tatuagem.

Ainda assim, tatuagens são garantia de olhares voltados para você. Mas não serão necessariamente olhares encantados. Por mais que a cultura das marcas na pele já faça parte do mundo em que vivemos, os não tatuados ainda dirigem aos tatuados um olhar de turista. Quando percebo um desses olhares na minha direção, já sei a sequência de frases. "Dói?" "Eu morro de vontade de fazer uma, mas não tenho coragem." Será que o pessoal não pode variar um pouco, de repente misturar as duas coisas, tipo: "Está fazendo muito calor na sua tatuagem? Dói quando chove? Eu morro de vontade de chover, mas nunca tive coragem" Falta originalidade no mundo. Por isso, a gente se tatua. Mas, educadamente, sorrio. E tenho na ponta da língua o telefone do tatuador, avisando sempre que a pessoa terá que levar seus próprios desenhos. Ou o estivador e a patricinha poderão ser confundidos na rua!

> Com o passar do tempo, você aprende que a descoberta do estilo tem a ver com saber ressaltar aquilo que é só seu. E que o jeito mais certeiro de reconhecer se uma pessoa tem estilo ou não é testar se é possível reconhecê-la naquilo que ela está deixando transparecer.

NO PROVADOR

EXPERIMENTE COMPRAR MELHOR

Vivemos um momento de democratização na moda. Mas o que era para facilitar acabou se tornando um martírio para muita gente. "Se eu não tenho regras a seguir, o que vou vestir?" É difícil perder o hábito de olhar para fora e finalmente voltar o olhar para dentro de si mesma.

Isso leva tempo. Não dá para sair para uma sessão de compras e voltar com o estilo na sacola. Aprender a comprar é um dos passos para essa construção, e ser mais criteriosa nesse momento será definitivo para uma nova postura diante do vestir. A hora das compras pode ser um belo exercício de estilo.

Sempre tive uma relação de paixão com a moda. Não me questionava se minhas intenções com uma determinada peça de roupa eram sérias e duradouras. Eu me apaixonava e pronto. Nunca parei para pensar se aquilo que me atraía estava nos manuais das novas coleções. Nunca me preocupei com o que as pessoas pensariam de mim ao me ver usando isso ou aquilo. Mas, por conta disso, também já fiz muitas compras por impulso. Foco e metas passaram a ser necessários na hora de comprar. Hoje, posso dizer que estou mais "profissional" no assunto. Compro muito menos e bem melhor.

A INTUIÇÃO É SUA MELHOR COMPANHIA

O primeiro grande equívoco que você pode cometer na hora de comprar roupas é convidar uma amiga para ir com você. Roupas não são bens duráveis como carros e apartamentos, mas são suficientemente caras para que você não se dê ao luxo de errar. Levar uma amiga pode fazer o momento das compras ficar mais divertido, mas não será engraçado pagar por compras erradas. E pode ser que você só perceba isso quando estiver sozinha em casa com suas escolhas. Amigas são facilmente atraídas pelas tendências e novidades nas lojas, o que significa que elas vão acabar se distraindo e largando o posto de conselheiras. É raro achar uma amiga suficientemente sincera e generosa para dar conta dessa tarefa. Amigas são humanas: cansadas de esperar, podem acabar perdendo a paciência e, inconscientemente, começar a elogiar qualquer roupa, só para sair da loja mais rápido. Com o tempo, você vai ficar preocupada com sua acompanhante e acabar decidindo precipitadamente sobre o que levar.

Não se engane: suas melhores companhias para as compras são a intuição e o bom senso. E você irá precisar de um tempo só com você mesma para acessar esses canais. Use o tempo que necessitar, experimente quantas vezes for preciso, volte à loja se achar necessário e não se preocupe se esgotar a paciência do vendedor. Ele está ali para isso mesmo, é o trabalho dele. Portanto, chame as amigas para mostrar suas compras, mas nunca para fazê-las com você.

238

LEVE A CARTEIRA E UM OBJETIVO

Se você não sabe o que procura, fica muito mais difícil encontrar. E muito fácil se perder. Estamos falando da indústria da moda, que tentará seduzir você de todas as formas. Se você sair para comprar roupas sem objetivo, rápido e facilmente chegará em casa cheia de sacolas, sem dinheiro e sem o que realmente precisava. Tenha em mente o que você precisa e quer adquirir. Entre nas lojas com olhar de busca, e não de contemplação – a não ser que você tenha tirado o dia para comprar qualquer coisa que pareça fazer você feliz, o que absolutamente dispensa a ajuda deste livro. Busque referências, físicas ou virtuais. Isso ajuda a ter foco e evitar compras de impulso.

> Continuamos sendo a soma de nossas experiências, e não do volume que temos no guarda-roupa.

ALÉM DO DINHEIRO, RESERVE TEMPO

Se você não investir tempo nas compras, provavelmente pagará caro por isso – literalmente. Reserve um dia inteiro, de preferência um sábado ou um fim de semana. Vá bem alimentada, use um sapato confortável, roupas que sejam fáceis de tirar e colocar de volta e, acima de tudo, tenha bastante disposição. Visite muitas lojas, passe horas no provador, tome notas – e não leve nada de primeira. Saia para pensar depois de cada loja visitada.

PROVADOR: PONTE OU OBSTÁCULO?

O provador é um lugar onde entramos sonhando com o quanto uma roupa vai nos deixar mais bonitas. Mas parece que ninguém entendeu isso até hoje. Não conheço um só provador de loja que eu possa citar como ideal. Os maiores equívocos ficam por conta da iluminação, sempre desfavorável. Aquele momento não precisa ser a hora do seu encontro com suas imperfeições. Geralmente a luz é branca, fria e de altíssima potência, revelando todos aqueles defeitos que você já conhece e outros que nem imaginava ter. Tem gente que sai dali decidida a gastar em procedimentos estéticos o que iria investir em compras.

Luz branca é para angiologistas, cirurgiões plásticos e outros especialistas. Um bom provador deve iluminar, sim, mas com uma luz suave, mais parecida com aquela que incide sobre nós na maior parte do tempo da vida real. Outra coisa importante: depois de vestir a roupa, precisamos de uma distância maior em relação ao espelho para poder observar todos os detalhes. Mas como raramente você vai encontrar um bom provador, o melhor a fazer é deixar a timidez de lado e sair passeando pela loja. Procure outro espelho, outros ângulos, ignore as pessoas que possam estar ali e pense no dinheiro que você pretende deixar ali. Sucumbir à timidez justamente agora pode ser motivo de arrependimento mais tarde.

ATENÇÃO AO SEU TIPO FÍSICO

Infelizmente, a moda ainda é feita para pessoas magras, aquelas em que a maioria das peças cai perfeitamente bem. Desconfio que uma das explicações para nosso alto índice de consumismo se deva a esse fator. O resultado é que os mortais acabam comprando mais para descobrir de fato o que lhes cai bem a cada olhada no espelho pela manhã. Existem vários recursos para que cada tipo físico explore melhor o seu corpo e faça escolhas mais acertadas, mas isso não costuma estar disponível nas lojas. Vendedoras não agem como consultoras de imagem, e qualquer calça *skinny* fica bem em uma gordinha se o assunto for vender mais.

Tenha coragem e muita honestidade consigo para avaliar seu corpo e procurar entender o que de fato lhe cai bem. E saiba: o melhor profissional de vendas é o que diz sinceramente que determinada roupa não ficou bem em você. É nesse tipo de atendimento que você pode confiar.

A ARMADILHA DAS CORES

Cuidado com a armadilha das "cores da moda". É claro que ao rodar pelas lojas você vai encontrar os produtos disponíveis nas cores da estação. Mas cor é outro aprendizado de estilo que leva tempo. Aventurar-se por novas cores é algo que deve ser feito com o que já está em seu armário, e não com peças novas. Na hora de comprar é diferente. Cada nova estação acena com novas cores, e isso pode ser irresistível. E é nesses momentos que você corre o risco de comprar peças em uma cor que não vai emplacar em sua vida prática. Na dúvida, leve os tons neutros, pelos quais você já se aventurou. O contrário também pode acontecer: muitas vezes você pode se recusar a experimentar uma cor, quando na realidade ela pode ser uma grande surpresa. Mas, uma vez que você está decidida pela compra, prudência e caldo de galinha nunca são demais.

A FADA DOS SAPATOS

Na passarela, tudo é lindo e perfeito. Na vida real, nem sempre as roupas e os acessórios são duráveis, bem-acabados e confortáveis. Muitos sapatos, por exemplo, costumam esbarrar nesse quesito. Um dia, conversando com uma amiga, concluímos que vive nas lojas, escondida, a fada do sapato. É ela que nos dá aquela aura de encantamento ao experimentar um novo par. Nada incomoda, nada sai do lugar. É tudo perfeito nos domínios da fada do sapato. Você não anda, flutua. Olha-se no espelho e imagina vestidos glamorosos, elogios e novos namorados. Mas, ao sair da loja, muitas vezes a fada vira bruxa. A solução para essa questão intrincada não existe. Recomendo que você seja ainda mais cuidadosa na hora de comprar sapatos. Talvez andar o dia todo e experimentar os candidatos várias vezes ao longo desse dia até se decidir por um.

CUIDADO COM AS PEÇAS TEÓRICAS

Teóricas são aquelas peças que você compra achando que vai usar, mas, na prática, não funcionam. Ou porque machucam, incomodam, ou porque são um atentado à vida. Uma sandália com solado de madeira, por exemplo. Teoricamente, linda. Na prática, andar na rua com ela é arriscar a vida — a não ser que você tenha um namorado apaixonado e paciente que possa levá-la a tiracolo para onde for. Um vestido de tecido brilhante que não pode ver uma gota de água. Uma blusa inteiramente bordada que, quando você veste, faz com que se sinta dentro de uma casa de abelhas. Tive uma *ankle boot* com o salto finíssimo que era um arraso. Quando eu a calçava com uma roupa mais curta, eu me sentia a mulher mais bonita do mundo. Mais alguns passos e eu me tornava a mulher mais arrependida do mundo. Nem preciso dizer por que a bota não mora mais no meu armário.

Peças teóricas são carregadas de desejo e desprovidas de realidade. Está certo, todos têm uma ou mais peças teóricas no armário. Em determinado dia, você resolve reconquistar o ex-namorado ou fazer diferença naquela festa, mesmo que para isso precise passar a noite sentada para não arriscar quebrar o pé. Está valendo. Peças teóricas fazem parte dos nossos sonhos, são utopias saudáveis para o exercício da estética. Mas são teóricas, é bom que se saiba. Uma vez ciente disso, está tudo certo. Você se cerca de outras dezenas de peças que funcionem na prática e de amigos que possam ajudar você em caso de apuros.

ROUPA CARA OU ROUPA BARATA?

Acontece com toda mulher: passar por uma vitrine e sentir amor à primeira vista. Sem que ela perceba, já está dentro da loja perguntando o preço. Mas quando você está mergulhada no shopping, outras roupas passam a ser o parâmetro. Em pouco tempo, você já está achando barata aquela blusinha de 260 reais porque se cansou de ver outras por 350. É incrível a capacidade que temos de nos acostumar. Principalmente se a roupa passar no teste do provador. Logo você imagina cenas perfeitas de *glamour*, romantismo e admiração, em que você é a personagem principal. Não dá para não levar para casa algo que poderá trazer tanta felicidade! Quando você sai da loja, começa a voltar aos poucos à realidade. E descobre que, mais uma vez, terá que deixar para o mês que vem a compra da mesa nova para o escritório. A pergunta é: vale a pena comprar só o que for barato? Minha resposta é não. Prefiro 500 reais bem gastos a 100 reais numa peça que não vai durar no guarda-roupa. Corte, acabamento, tecido e *design* têm preço, sim. Está certo que o pessoal exagera, mas culpar os preços altos não necessariamente absolve as peças baratas. Na hora de tomar essa decisão, costumo ser racional: calculo o custo-benefício de uma roupa pelo número de vezes que tenho probabilidade de usá-la. Então faz sentido investir melhor nas peças clássicas.

Quer uma sugestão? Entre a roupa cara e a roupa barata, fique com as duas. Priorize algumas peças para investir em cortes mais bem elaborados, bons tecidos e um bom

> Luxo não é o que você pode comprar, e sim o que é capaz de escolher.

design, e economize nas peças que você vai compor com elas. Invista mais no que você vai usar muitas vezes, como blazers e calças de alfaiataria. São peças que denunciam uma modelagem de baixa qualidade.

MARCAS NÃO SÃO RÓTULOS

Peças de alto nível naturalmente custam mais caro. Mas existe um limite para o razoável. Já parou para pensar por que a bolsa é um objeto tão desejado no quesito grifes de luxo? Porque ela ostenta a marca de forma visível, pode ser levada para lá e para cá e ser usada muitas vezes por semana. A bolsa é o *status* com alça. O mundo de quem gosta das marcas se divide entre os que valorizam a qualidade e os que só pensam no *status*. Ter o que é exclusivo é naturalmente prazeroso. E o que achamos caro ou barato é proporcional ao dinheiro que temos. Mas eu acredito que luxo, de verdade, não é o que você pode comprar, e sim o que é capaz de escolher.

O que faz uma peça ser boa não é o seu preço, alto ou baixo, mas a sua qualidade, que é a soma de *design*, corte, matéria-prima e acabamento. O resto é o que cada um acrescenta em estilo e pronto.

Concentre-se menos na marca e mais na qualidade. E aprenda a identificar o que de fato qualifica uma peça. Não há nada mais cafona que usar uma peça com o nome da marca em letras garrafais, só para mostrar que você usa aquela grife. O nome disso é ostentação e já caiu de moda há muito tempo.

E QUEM FEZ SUAS ROUPAS?

Mais de 80 bilhões de novas peças de roupas são produzidas todos os anos, cerca de 400% a mais do que há duas décadas, segundo dados do documentário *The True Cost* (2015). Quem

lidera esse número de produção de roupas — e de lixo têxtil — é a indústria do *fast fashion*, com marcas mundialmente conhecidas por seus impactos negativos para o meio ambiente e por aviltar direitos humanos e trabalhistas.

O *fast fashion* — que define a produção rápida e contínua de novidades pelos grandes magazines — foi um dos responsáveis pela democratização da moda nos últimos anos. Produzidas por grandes redes que entraram definitivamente na era do investimento em criação de moda, essa grande quantidade de peças são lançadas no mercado de forma bastante ágil e acessível. Mas o avesso dessa história não é nada bonito. E foi preciso uma grande tragédia para fazer o mundo abrir os olhos para isso.

No dia 24 de abril de 2013, um prédio-fábrica desabou em Bangladesh, matando 1.133 pessoas, muitas delas soterradas, e deixando 2.500 feridas. Metade das vítimas eram mulheres e seus filhos, que permaneciam numa creche, no mesmo edifício. Os operários fabricavam roupas para várias marcas internacionais. Ativistas pelos Direitos Humanos tiveram que pesquisar as eti-

quetas de roupas pelos escombros para provar quais marcas foram corresponsáveis pela tragédia.

Todos nós temos roupas e outros produtos fabricados por pessoas que ganham salários miseráveis em algum canto distante do mundo. São produtos que vêm da China, do Vietnã, da Malásia ou de Bangladesh, um dos países mais pobres do mundo. Quatro milhões de pessoas trabalham na indústria têxtil fabricando roupas para exportação. Sessenta por cento para marcas europeias. Como bem definiu na época o jornalista André Forastieri, nós temos nossa própria Bangladesh. Muito do que é produzido em várias partes do Brasil tem um custo social doloroso. Quem aceita trabalhar por uma miséria só o faz por não ter alternativa. E não basta culpar quem produz ou o governo. Nós, consumidores, também somos responsáveis, ao buscar produtos baratos a qualquer preço – com o perdão do trocadilho.

Mas como saber? Não existe uma lei que obrigue uma empresa a ser transparente sobre seu processo de produção, como costuma ser com a matéria-prima de que é feito um produto. Ainda assim, ver uma etiqueta pressupõe confiança no que está escrito. Como ter a certeza? Existe um longo caminho pela frente até que isso comece de fato a mudar. Mas é preciso dar os primeiros passos. Um deles é acompanhar um movimento mundial chamado Fashion Revolution Day. Uma mobilização internacional com o objetivo de conscientizar sobre os impactos ecológicos e sociais que a indústria da moda vem causando. A luta do movimento é por uma moda eticamente sustentável e transparente, socialmente mais justa e responsável, além de economicamente viável e inclusiva.

Desde o ano do acidente, todo dia 24 de abril é o dia oficial do Fashion Revolution. O mercado vem estudando como estabelecer uma política de transparência e de prestações de contas por parte das marcas e o fato é relembrado todos os anos para sublinhar a importância de se repensar a cadeia produtiva da moda. O tema do movimento – *"Who made your clothes?"* – procura gerar no consumidor a consciência na hora da compra, de modo que ele passe a procurar saber como foi o processo de produção do que está comprando.

Em 2017, o Fashion Revolution produziu o Índice de Transparência da Moda, que pontua as 100 maiores marcas e revendedoras globais, com faturamento anual de pelo menos 1,2 bilhão de dólares, classificando-as de acordo com a quantidade de informações que compartilham sobre governança, rastreabilidade, política de comunicação e de incentivo à organização sindical.

Então, antes de decidir cada próxima compra, a primeira pergunta é saber se ela precisa mesmo acontecer. E a pergunta seguinte é procurar saber de onde vem e quem fez aquele produto – e em que condições ele foi produzido. A resposta nunca será fácil nem garantida. Mas adotar esse hábito como condição de compra pode ser uma pressão eficaz para que as empresas passem a ser mais transparentes em seus processos produtivos.

> Mostre que você é tão inteligente quanto quem liquida. Não deixe os descontos atrapalharem seu raciocínio.

NÃO SE DEIXE LIQUIDAR

É tempo de liquidação. Na loja dos sonhos, mulheres solitárias estão concentradas no garimpo, cara de poucos amigos. Ali, naquele campo de batalha, todas são rivais no desejo por um único item restante. Tente se afastar, respire fundo e não se deixe contaminar pelo clima de frenesi. Tenha calma e tempo — se a pressa já é inimiga do consumidor, imagine em tempos de liquidação. Leve para o provador pilhas de roupas escolhidas a dedo. Leve também certo ceticismo. A cada roupa provada, faça-se muitas perguntas.

- É bonito mesmo?
- Caiu bem?
- Combina com o que você tem?
- Vai usar em que ocasião?
- Por quanto tempo essa peça vai permanecer no armário, ativa?

A pilha de roupas vai diminuindo. Como nas Olimpíadas, os eliminados são muitos. Você sai do provador levando três peças. Dá mais uma volta pela loja. No caminho, envolvida em seus pensamentos, depara com uma peça especial. Igual a essa, você não tem no armário. É mais cara. Mas o preço está bem melhor do que normalmente custaria na loja. É peça única. *"Gostei, parece feito pra mim"*, você diz diante do espelho que encontra entre uma arara e outra.

Você sai com uma sacola e apenas uma peça, para a qual olha com satisfação. Passam-se os dias e você usa duas, cinco, oito vezes – e em todas sente uma satisfação por aquele "achado". Foi a melhor liquidação da sua vida. Talvez você possa chamar de liquidacinha. ==Pequenos achados, grandes negócios.==

A palavra liquidação costuma ter, para a maioria das mulheres, o mesmo efeito da palavra Carnaval. É como uma permissão temporária para passar dos limites, como se o mundo fosse acabar no dia seguinte. Claro, desconto é oportunidade. Mas as melhores peças raramente ficam para liquidação. Então encare esse momento como uma caçada: procure aquelas peças que você paquerou em tempos de lançamento, mas achou caro demais para comprar. Se encontrar um ou dois grandes achados, já está no lucro. Agora, se começar a comprar só pelo preço baixo, pronto: você caiu na liquida-tentação. E passou de caçador a caça.

251

Liquidação pode ser a chance de comprar aquela peça que você ficou paquerando e estava cara demais para o seu bolso. É com esse espírito que eu recomendo rodar as lojas em tempos de promoção. Com foco na busca de um ou dois grandes achados – e já está de bom tamanho. Cuidado para não se endividar só porque está barato. O preço nunca deve ser o maior motivo para se comprar uma roupa.

Previna-se da armadilha da liquidação progressiva: você vai à loja para comprar por duzentos reais aquela peça que custava quatrocentos. Mas, para ter 50% de desconto, tem de comprar cinco peças. E aí gasta oitocentos reais para comprar o seu achado de duzentos. E enche o seu armário de roupas que vai usar pouco ou nunca. Melhor comprar no lançamento uma única peça mais cara que vai ficar no seu armário por muito mais tempo. E que vai ser sempre motivo de satisfação na hora de usar.

Dizem que se conselho fosse bom a gente não dava, vendia. Pois o meu está em promoção e é por tempo limitado. Em tempos de liquidação, não se esqueça: "Você pode passar o ano todo economizando, mas basta um dia para gastar tudo".

SERÁ QUE "TEM QUE TER" MESMO?

Muito cuidado com a expressão "tem que ter" ou, em contextos mais antipáticos, o *must have*. Na hora das compras, a única coisa que uma mulher tem que ter de fato é malícia e desconfiômetro para não cair nas besteiras que se leem por aí. Antes de comprar, faça-se a pergunta: esta peça é moda ou estilo? Isso vai definir se você a levará para casa e até quanto está disposta a pagar por ela.

SOBRE EXAGEROS E REPETIÇÕES

Pouco se fala sobre consumo compulsivo quando o assunto é moda. Acontece que uma quantidade incrível de mulheres (e homens) sofrem desse mal, mas não assumem. O mercado capitalista trata como algo corriqueiro o consumo excessivo, como os eventos sociais fazem vista grossa para o alcoolismo — como se nenhum deles fosse um problema.

O próprio comércio ganharia muito se ajudasse a educar os consumidores para um gasto mais consciente. Melhor um consumidor comedido por anos e anos do que um comprador que exagera por pouco tempo, e depois é obrigado a sair de circulação por inadimplência.

A compulsão por compras é uma doença, como o vício por jogo ou por drogas. Não é uma doença que se cura, mas que se aprende a controlar. O sentimento de culpa retroalimenta o vício. O caminho é o autoconhecimento para entender as verdadeiras causas, normalmente carências e vazios com os quais não conseguimos conviver.

Sua relação com as roupas pode mudar se você deixar a culpa de lado e puder discernir o que é exagero e o que é positivo. O prazer pela novidade na sacola pode ser substituído pelo prazer de usar cada peça em todo o seu potencial, de todas as formas possíveis. É possível canalizar sua obsessão para a composição de novas produções, muito mais do que para a aquisição de novos produtos. Passar a querer criar mais, em lugar de desejar ter mais.

Mais que poder de compra, moda é capacidade de observação, sensibilidade, sutileza. E isso não se compra. Elegância não tem nada a ver com ostentação. Repetir roupa é um jeito inteligente e diferenciado de fazer moda, principalmente se você souber variar pequenos detalhes que fazem toda a diferença. Ruim é repetir atitudes que trazem culpa, apego e dívidas, como encher o armário de roupas novas sem o menor critério.

Todo mundo ama novidades e elas realmente fazem bem. Mas você também pode descobrir novidades no que já tem, o que vai acabar fazendo com que suas compras sejam muito mais acertadas.

Boa sorte e boas compras!

CADA COISA EM SEU LUGAR

DICAS PARA ORGANIZAR E MANTER UM ACERVO A SEU FAVOR

Você vive dizendo que não tem roupa? Então experimente mudar de casa. Se as roupas não pesarem na mudança, sinto muito: você não tem roupa mesmo. Caso contrário, talvez perceba que não está sem roupa, e sim usando poucas dentre aquelas que você tem.

Mudanças são ótimos momentos para fazer essa reavaliação. E normalmente a descoberta é: "Com menos roupas no armário posso fazer mais combinações". Quanto mais pe-

ças se apertando umas nas outras, menos visão você tem do todo. Resultado: você usa as peças mais novas por alguns dias, até se cansar e voltar a sentir falta de outras mais novas ainda. O nome disso é consumo compulsivo.

Ter um armário organizado é uma das grandes armas contra o vício de comprar. E, a menos que você tenha um *closet* de cem metros quadrados, qualquer organização vai exigir renúncias. Mais uma roupa apertada no meio do bolo é mais uma roupa a não ser vista e, consequentemente, a não ser usada. Quanto menos roupas temos, mais exercitamos o estilo. Saiba tirar suas roupas do armário quando não as usar mais. E, na hora de comprar, pense: cabe no meu bolso? No guarda-roupa? E principalmente: cabe no meu dia a dia? Comprando menos, você compra melhor. E se veste melhor ainda.

> "A melhor forma de começar bem o dia é abrir um armário com poucas peças, mas bem organizado."
>
> **Inès de la Fressange**

RECICLAGEM CONSTANTE

Costumo reavaliar meu acervo pelo menos quatro vezes por ano. Se você acha muito, recomendo que faça isso pelo menos duas vezes – exatamente nos momentos de virada de estação. Uma boa dica é alterar a ordem das peças. Guardar em partes mais escondidas do armário as peças que você julga que não serão usadas naquela estação e deixar mais à vista as que acredita que serão usadas. Ao final de duas avaliações, tenha rigor: selecione as peças que você não usou em nenhuma das estações e dê um rumo a elas.

Nunca se esqueça de que uma peça que já completou seu ciclo no seu *closet* pode ter uma vida inteira pela frente no armário de outra pessoa, para quem ela será inteiramente nova e repleta de possibilidades.

COMO MANTENHO MINHAS ROUPAS E MEUS SAPATOS?

Tenho especial apreço por toda peça de roupa e todo sapato que caminha comigo. E essa relação com o objeto muda a minha forma de cuidar dele. Minha relação com meu acervo é de amor confesso, ou seja, não o desprezo como o mundo nos ordena a fazer. Gosto e trato com amor como faço o carinho de passar hidratante no corpo depois do banho.

O meu armário é de colecionadora. Ainda não tenho o *closet* dos meus sonhos, portanto tento distribuir as roupas em armários para que elas estejam sempre arejadas, e presto bastante atenção ao que devo pendurar em cabides ou guardar em gavetas, com a devida dobra – uso o bom senso para imaginar o que acontece com uma peça que fica muito tempo no mesmo lugar e na mesma posição e, com observação, vou encontrando as melhores formas de armazenar cada uma.

Mantenho tudo razoavelmente organizado, por cores e estilos afins, principalmente. E estou sempre reciclando na tentativa de descartar (doar ou vender) roupas que não

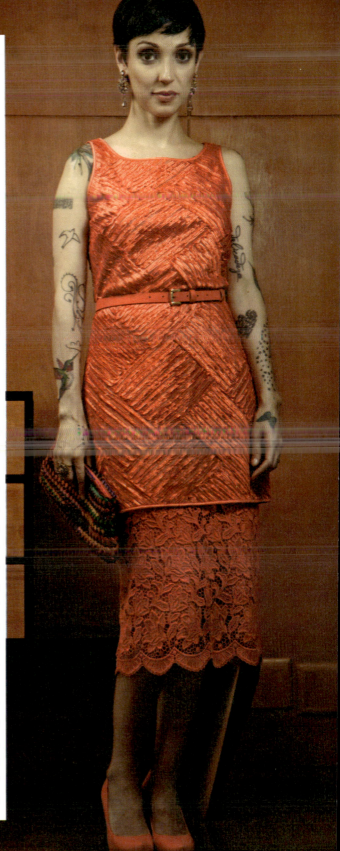

uso, justamente para ter mais espaço e ar correndo entre uma peça e outra. Meu armário não é um arquivo empoeirado, e tento cuidar dele como cuido de mim.

Observo sempre as etiquetas com instruções de lavagem e só lavo quando é mesmo necessário. É claro que existem as que uso mais, mas em geral as roupas se mantêm sempre novas porque são lavadas em menor frequência que o normal.

Tomo um cuidado especial na hora de lavar ou mandar lavar e passar cada peça, não apenas no sentido de lavar à mão quando necessário, mas até para admitir que determinadas roupas devem ser mandadas para a lavanderia.

ORGANIZAÇÃO DO GUARDA-ROUPA

Meu armário está organizado por departamentos.

CABIDES | Em cabides guardo casacos, calças e saias, vestidos e macacões, blusas e camisas. Todas as peças são agrupadas por cores afins.

SAPATOS | Nunca os mantenho em caixas. Deixo-os dispostos em prateleiras e até num pedacinho do chão do quarto, quando não há espaço. Um pequeno detalhe ajuda a aproveitar melhor cada pequeno espaço: de cada par, guardo um pé voltado para a frente e outro para trás, de modo que a curva interna de um pé se encaixe na curva externa do outro. Parece frescura, mas faz caber um par

a mais a cada fileira. E rapidamente você se acostuma com isso. Para cuidar bem deles, tento fazer um rodízio para usar cada um, pois minha experiência ensinou que um par de sapatos, para não ficar velho, precisa ser usado. Se fica guardado por muito tempo, o material endurece, desidrata e quebra. Isso mesmo. Calçados também precisam de espaço arejado, limpeza cuidadosa de cada tipo de material e uso, muito uso.

GAVETAS | Em gavetas, guardo *t-shirts* e camisetas de malha, peças de tricô ou crochê, além de lingeries e meias. Para essas últimas, uso divisórias estilo colmeia – que você compra facilmente em lojas de móveis e utilidades para casa, como a Tok&Stok. Em prateleiras, guardo shorts e, se for preciso, calças jeans também, que raramente precisam ser passadas.

CAIXAS | Organizo minhas bijuterias em caixas com nichos. Podem ser caixas de plástico, geralmente usadas para coisas de costura ou ferramentas. E estou sempre dando uma olhada nessa parte também. Porque, apesar de não ocuparem muito espaço, manter peças que não uso só complica a minha vida na hora de me vestir.

A relação com minha "coleção" é resultado do meu cuidado comigo mesma: um retrato da minha autoestima.

É PARA SEMPRE?

Já reparou que existem algumas peças da moda que são exaustivamente usadas por um tempo e depois caem no ostracismo? É isso que diferencia os clássicos. É como um namoro intenso que dura alguns meses e depois termina de repente comparado a uma relação mais calma e duradoura que acaba em casamento. Um é paixão, o outro é amor de verdade.

Cada peça de roupa ou sapato que entra no nosso armário é uma aposta. Mas só o tempo dirá quanto vai durar aquela escolha. Fazer o exercício de observar seu guarda--roupa e ver quais são as peças sobreviventes ajuda a contar um pouco do seu estilo.

Repare bem: existem roupas para casar e roupas só para uma breve aventura. Tive um rápido relacionamento com uma calça saruel. Hoje, olho para trás e não me reconheço. Tenho boas lembranças de um tempo lado a lado com uma sandália gladiador. Terminamos amigavelmente. Tentei namorar uma calça de cintura alta. Não durou nem um jantar. Com algumas peças, sou casada no papel. Na verdade, sou adepta da poligamia. Vive no meu quarto o amado vestido acinturado de comprimento abaixo do joelho. E acho que vamos fazer bodas de ouro. Amo a sapatilha desde o tempo em que ela nem era famosa. Dedico o mesmo amor a uma calça sequinha e, confesso, adoro sair com as duas para passear. Amo apaixonadamente um *trench coat*. Sei que vai ser para sempre. E como o meu coração é grande, amo também a saia lápis, o tubinho, a camisa branca, o vestido vermelho. E de vez em quando saio com uns lenços agarrados ao meu pescoço, curtindo uma amizade colorida. Há algumas primaveras circulo por aí com a estampa de oncinha. Sei que ela é meio perua, mas não consigo viver sem. Na moda, também vale se divertir com as roupas erradas até encontrar a ideal.

COMO DECIDIR O QUE VAI E O QUE FICA?

Fazer uma limpa no armário parece uma tarefa simples, mas na hora H você se vê diante da sua história. Cada peça conta um pedacinho da sua vida, e muitas vezes é difícil se desfazer dela.

Uma grande ajuda na hora de tirar roupas do armário é uma opinião emprestada. Sabe aquela amiga que você não levou às compras? É hora de convidá-la para essa tarefa em que ela vai provar sua verdadeira amizade. A irmã, um amigo ou o namorado com certo senso estético. Precisa ser alguém que veja as coisas de fora e sem o apego que você tem às suas peças de roupa. Vai ser necessária essa opinião isenta, ou você sempre encontrará motivos para fazer com que as peças permaneçam lá para sempre.

Peças de roupa que servem para apenas uma ocasião não deveriam ficar no armário. As outras devem ser divididas em categorias: o que fica; o que pode ser doado; o que pode ser vendido ou trocado num bazar entre amigas; o que merece um ajuste (por não servir mais) ou conserto; o que precisa e pode ser reformado. Convém treinar o desapego nessas horas e não ficar apegada à peças que vão dar muito trabalho para reformar ou consertar. Muitas vezes você vai gastar tempo e dinheiro só para descobrir que não ficou bom – e então percebe que teria sido melhor doar para quem precisava.

SABE AQUELA SAIA CURTA? A VIDA PODE SER MAIS AINDA

Sabe aquela mania da sua mãe de guardar os copos de cristal a sete chaves para serem usados apenas nas ocasiões especiais? E aquela sala de visitas da casa do seu tio, que fica fechada o ano inteiro, esperando para ser usada só quando realmente tem visita?

Pois aquele hábito que você vive criticando pode morar dentro do seu armário, ou melhor, dentro de você na hora de se vestir. Tipo comprar um vestido lindo e caro para usar uma vez num casamento e só se lembrar dele de novo quando ele

manchar de mofo. Ou guardar o casaco comprido no plástico com naftalina só para aquela viagem à Europa uma vez na vida. E aquele sapato que você fica com medo de usar para não estragar e, quando vai usar, ele dissolve na sua mão?

Está na hora de se lembrar que a vida é curta e que nada, nem você, dura para sempre. Mergulhe no seu guarda-roupa, revisite décadas, use o vestido do casamento no trabalho, dê aquele sapato que você não usa há séculos e faça muita gente feliz, inclusive você.

Leve a população do seu guarda-roupa para passear. Escolha aquela peça que não sai de casa há algum tempo e seja gentil com ela. E aquelas que você não conseguir usar de jeito nenhum tire de vez do armário. Tem gente que pode fazer milagres com elas.

PARA ALIMENTAR

PEQUENO GUIA DE INSPIRAÇÕES

O PERIGO DO EXCESSO DE INFORMAÇÃO

Deixar de se informar está definitivamente fora de cogitação. Mas, por outro lado, o excesso de informação pode sugestionar e tirar a sua espontaneidade. É preciso manter uma distância de segurança, ou você se perde da sua essência e vira mais um reflexo do que está lá fora. Procure munir-se de imagens e inspirações, não de regras. Tenha contato com a arte, a história do vestuário, a cultura. Conheça as peças mais famosas, as que fizeram história, e vai acabar sabendo se vestir. Cultive sensações, mais que opiniões e conceitos. Colecione imagens. Alimente os olhos com o que há de melhor – é de graça. Observe algumas pessoas-chave e suas atitudes. Mas guarde espaço para a sua própria criação. Mantenha-se fiel a você.

ÍCONES

GABRIELLE "COCO" BONHEUR CHANEL

Ela nasceu no final do século XIX, mas foi tão importante no século XX que o seu estilo permanece valorizado ainda hoje, século XXI. Admiro Chanel porque ela não se preocupava com a censura dos outros. Foi assim que criou o próprio estilo, reconhecido a distância e constantemente imitado. Chanel era um conjunto de paradoxos. Ao mesmo tempo que parecia feminista, aceitava a ajuda de seus amantes para financiar seus negócios. Essa dualidade estava presente em suas criações: feminino-masculino, preto-branco, simples-sofisticado. Tudo perfeitamente equilibrado. Coco Chanel tinha talento para transformar pouco em muito: uma espécie de toque de Midas para fazer peças finíssimas com tecidos nada nobres como o tweed e o jérsei — e transformá-las em peças desejadas no mundo inteiro. Chanel acreditava no poder da modelagem. E no poder de um colar de pérolas, de uma corrente dourada, na elegância de um *tailleur*. Coco Chanel divide a moda entre antes e depois. Ela fez a bolsa com alça de corrente. Apostou nas pérolas em colares de muitas voltas. Inventou os sapatos com biqueira preta. E fez dessas criações sua marca registrada.

AUDREY HEPBURN

Alta, ossuda e de pés grandes. Não é essa a imagem que temos da eterna bonequinha de luxo. Com 1,70 metro e calçando 38, Audrey impôs-se num mundo em que imperavam as baixinhas, de curvas generosas, pés miúdos e olhos claros.

O filme *Bonequinha de luxo* comemorou 50 anos de estreia em outubro de 2011. A versão do título do filme para o português é singela, mas o originalmente chamado *Breakfast at Tiffany's* conta na verdade a história de uma prostituta de luxo: uma jovem independente vivendo em Nova York, fanática por festas da alta sociedade e joias da Tiffany, que fatura afeto e dinheiro dos homens sem nenhum envolvimento emocional, até se apaixonar por um aspirante a escritor.

Audrey filmou três meses depois de dar à luz seu primeiro filho. Seu papel foi inicialmente oferecido a Kim Novak e depois cogitado para Marilyn Monroe, o que nos faz pensar em um resultado bastante diferente. Audrey, com sua alegria e seu jeito de moleca, tem tudo a ver com a imagem da bonequinha de luxo, e acaba dando à história, cujo conteúdo não seria leve, um charme inocente e despretensioso. Se estrelado por Marilyn, a sensualidade da loira, até pela imagem com que foi vendida ao longo de sua carreira, daria ao *Bonequinha de luxo* outro desfecho. E talvez não levasse o filme a ser um legado importante para a moda ainda nos tempos de hoje, com a atuação brilhante de Audrey em seus figurinos sempre impecáveis, símbolos atemporais de luxo e elegância. Audrey tinha a capacidade de vestir um figurino e torná-lo um clássico, e isso não está exatamente na roupa. Está na atitude.

Seu corpo magro e esbelto e seus cabelos castanhos opunham-se à opulência das curvas das loiras que determinavam o padrão de beleza dominante até então. Sua carreira foi marcada pela amizade e parceria com o estilista Givenchy, em cujo estilo encaixavam-se perfeitamente o seu rosto delicado e a figura travessa de calça cigarrete e sapatilhas bailarina – ela sempre usou sapatos baixos para disfarçar sua altura.

Eu poderia dizer que Audrey é uma grande inspiração simplesmente por sua beleza, mas seria óbvio demais. E ela ia muito além do óbvio. Audrey cultivava o simples. O vestido preto, a calça cigarrete, a camisa branca, a sapatilha. Ela dava valor ao conforto – sua beleza era visível porque a víamos confortável. Ela dizia que qualquer mulher poderia ficar como Audrey Hepburn, mudando um pouco o penteado, comprando grandes óculos de sol e usando vestidinhos sem manga. E era isso mesmo que Audrey tinha de mais precioso: ela existia. Era gente de verdade, e não uma pose.

TWIGGY

Desde que a moda é moda, ela é permeada pelos padrões de beleza. Sim, porque são as modelos que nos vendem as novidades de cada estação. E é com elas que nós queremos nos parecer, mesmo inconscientemente. Mas, entre uma modelo perfeita e outra, surgem algumas mulheres com uma missão a mais: mexer com as estruturas e questionar os padrões de beleza. A inglesinha Twiggy, o rosto mais emblemático dos anos 1960, é um exemplo de quebra de padrão. Twiggy significa graveto em inglês. E é uma inspiração para todas nós, que somos empurradas na busca de uma perfeição que nunca existiu. Uma foto da modelo nos anos 1960, antes de cortar os cabelos, mostra olhos enormes e até mesmo tristes, um cabelo loiro comum arrematado por uma trança hippie. Twiggy antes de Twiggy. Pouco depois, ela cortaria os cabelos, provavelmente contrariando os conselhos de muitos, e evidenciando seus enormes olhos caídos. E foi assim, ressaltando a sua esquisitice, que Twiggy fez tremer os olhares daquele tempo. Magricela, pernas finas, nada de curvas *à la* Marylin Monroe. Seus olhos grandes

268

cavaram o espaço, abrindo uma vaga que não existia. Twiggy foi a primeira modelo a se tornar um ídolo de massa. Para qualquer lado que ela fosse, multidões a cercavam, como acontecia com os Beatles. Uma conquista que representa a vitória da humanidade, da beleza expressa na verdade de um olhar. É muito mais fácil identificar-se com ela do que com as modelos voluptuosas e de rosto perfeito. Twiggy nos lembra que o mais bonito é o que trazemos de humano em nós.

KATE MOSS

Mais de vinte anos de carreira. Kate Moss é a Twiggy dos anos 1990. A modelo trouxe a beleza que passamos a chamar de *heroin chic*, com sua personalidade baladeira e seu conhecido envolvimento com drogas. Mas seu sucesso e carisma são tão fortes que nem as fotos em que supostamente estaria consumindo cocaína conseguiram derrubar a carreira dessa que é uma das mais importantes modelos do mundo. Kate é autêntica. Mas tudo o que sabemos dela se deve muito mais aos *paparazzi* e ao seu próprio trabalho. Apesar de ser um dos rostos que mais aparecem nas revistas, a modelo Kate Moss é conhecida no meio da moda por uma peculiaridade: quase não dá entrevistas. Abre raríssimas exceções. Casou-se em 2011, usando um vestidinho com ar hippie, reforçado pelo terno azul-claro do noivo e pelas muitas daminhas de honra de vestidinhos simples e flores naturais no cabelo – uma imagem típica de final de filme inglês. O casamento foi à luz do dia, e a modelo parece ter feito questão de dispensar maquiador e cabeleireiro. A impressão é que ela quis tirar férias da vida de manequim, subindo ao altar displicente e confortável, no melhor estilo "fui comprar pão e resolvi me casar". A festa durou três dias. Tudo muito fiel ao jeito da modelo, que de vez em quando se deixa fotografar com uma barriguinha (humana) saliente. Nada mais natural. E nada mais bonito que ser (im)perfeitamente natural.

IRIS APFEL

Ela não é estilista, nunca foi modelo nem editora de moda, mas se tornou uma referência de estilo com seu jeito de vestir e suas frases inspiradoras. Nascida em Nova York em agosto de 1921, Iris Apfel é um exemplo de bom gosto e definitivamente meu maior ícone de moda. Amante das cores, volumes e formas exagerados, a decoradora passou dos 90 usando roupas, óculos e acessórios que muitas meninas de dez não teriam coragem de experimentar, contrariando qualquer lei da consultoria de imagem. E é desse jeito absolutamente único que ela

esbanja estilo e alegria de viver. "Aprendi com a minha mãe que se você tiver um único vestido preto e os acessórios certos, você pode ter 50 vestidos diferentes." Concordo! Sobre malas, ela aconselha: "Leve metade das roupas e o dobro de dinheiro". Eu concordo com ela.

Com Iris Apfel confirmo minha impressão de que os óculos são um dos mais poderosos acessórios de estilo. Os óculos perderam seu estigma de "quatro olhos" e estão se tornando acessórios de moda, moldura para os olhos, algo que ajuda a contar um pouco mais sobre a personalidade de quem usa. Como eu passei a infância desejando usar óculos sem nunca ter tido um problema de vista, estou me divertindo com a nova possibilidade.

Quando eu crescer, quero ser uma espécie de Iris Apfel. Estou na estrada e já tenho meus óculos redondos.

FIM DE PAPO

ARMÁRIO
DE SENTIR

Minha infância usava um vestido trapézio com uma girafa aplicada. E sorria, sem ter ideia do que estava por vir. Depois usou o que não queria, marca barata ou falsificada, cresceu borralheira prevendo a madrasta de algum dia.

Minha felicidade vestiu branco diversas vezes, para depois enfiar-se num pijama confortável e sonhar com o edredom. Quando a morte chegou, busquei o conforto num conjunto de "liganete", emprestado do armário da Mamãe, já que era dela a despedida. O tecido parecia ter me assentado bem. Ao voltar para casa é que pinicou.

Minha viuvez não se deixou humilhar. Vestiu um tomara que caia preto de comprimento no meio da canela e óculos escuros *à la* Jackie O. – quem mandou venerar o estilo da viúva? Lá fora, fazia verão. Uma sapatilha zebrada avisava à vida que eu era capaz de piadas melhores.

A maternidade vestiu bandeirinhas de Volpi, penduradas para ocultar uma tristeza que não se sentia no direito. Coração não sabia se ria ou se chorava – preferiu olhar para o espelho e sangrar só por dentro. Fiz patchwork com dores de todos os tons. Ficou bonito. Vi meu filho crescer enfiada em vestidos de algodão, para suavizar a primeira viagem de mãe. Teve trechos de céu cinza e chuva forte. Teve noite que parecia sem fim. Depois amanheceu. A maternidade botou mais roda nos vestidos: mais mulher fiquei. Para encontrar o amor, usei um jeans confortável, que não marca o corpo. Porque já era amor.

Minhas revanches sempre usavam minissaias. Frustrações se enfiavam em luto, sem esperança de clarear. A coragem vestiu fantasia e encarou o mundo de frente.

Em meu vestido azul-marinho, o bordado de Ronaldo me cobre o corpo feito tatuagem. Brasil na pele, noites no sertão. Um outro, preto estampado de sapatos, faz metalinguagem com a moda exagerada que mora em mim. Mesclo estampas com a mesma destreza que alterno emoções num só quadradinho do calendário. Cabem todas no armário de sentir. As flores do casaco se misturam às do papel de parede, fazendo sala para um jardim lírico. Bolinhas e bolotas riem de mim. A Carmem Miranda da minha camiseta prefere comer bananas a botá-las na cabeça. Laranja e rosa são amigos para sempre e ainda visitam o vermelho no hospital. Preto e branco vivem chamando outras cores para jantar. Discretos, cercam-se de companhias excêntricas para garantir a diversão. Listras e flores conversam animadas, enquanto babados dançam até sem música. A toalha de

piquenique vira vestido com as frutas por cima. Óculos de diversos formatos trazem outras de mim. Paro para olhar.

Minha moda é inconstante como eu, e também revisita décadas. Roupas são molduras do sentir. A cada madeira, um quadro novo por dentro. Paisagens em movimento, história que não para, palavras para vestir.

MODA, ESSA LIBERDADE

Inconveniente, o despertador grita apressado no meio do silêncio. O corpo se finge de morto, o ouvido se finge de surdo, o cobertor acoberta a preguiça, a cabeça já começa o dia buzinando um pedido – só mais 15 minutos! Até que a dor da realidade me abre os olhos num susto.

Penso em acordar de mau humor. Mas logo avisto o meu guarda-roupa. Ali dentro, muitas de mim me esperam. Pulo da cama, curiosa para descobrir quem sou hoje.

Eu, minha própria estilista. Eu, minha própria modelo. Mais um desfile vai começar. Naquele quarto que é meu *backstage*, eu me inspiro no que o tempo faz em mim: se é chuva que cai fina e insistente; se é sol que se abre em fogo no imenso azul. Tomo como tema minha tristeza ou minha alegria, meu tédio ou minha paixão. A previsão do tempo é rápida e precisa – logo se desenham as cores do que vou vestir.

Combino texturas, estampas, estilos. Até me descobrir. O espelho me reserva surpresas. Quem será que vou ver ali? Todo santo dia é assim: só saio quando me acho. E aprendo um pouco mais sobre mim.

Minha moda é arte andando por aí. É minha existência, que fala e se mexe, imprimindo um vulto de cores e um conjunto: minha obra. Visto-me como quem escreve um poema. Meu corpo é caneta, pincel de pintar o tempo, prova de que estive aqui.

E se cada dia se repete insistente, insisto em fazer um dia diferente do outro. Num deles acordo fatal, no outro dia quero passear na praia – mesmo que não exista praia. Brinco de boneca comigo – hoje sou Emília, amanhã a própria Barbie.

> Roupas são molduras do sentir.

Acordo e abro o guarda-roupa como o índio que se pinta de acordo com a ocasião. Pode ser divertido, pode ser prazeroso, pode ser libertador. De sair correndo descalça pela praia imaginária ou de colocar um salto e desfilar por um filme antigo. Minha moda é o meu antídoto para o veneno da monotonia.

No filme *O feitiço do tempo*, o ator Bill Murray faz o papel de um "homem do tempo" da TV, que viaja para uma pequena cidade para fazer uma matéria especial sobre a chegada do inverno. Entediado por cobrir um evento que ele frequenta há anos, o repórter deseja voltar o mais rápido possível. Mas um encanto faz com que aquele dia se repita sistematicamente, de modo que ele sempre acorda naquela cidade, no Dia da Marmota. Preso no tempo, o personagem se revolta. Depois apaixona-se por uma colega de trabalho que viajou com a equipe. E é com o coração tocado que ele passa a enxergar na repetição a oportunidade de fazer as coisas de um jeito diferente.

O filme nos chama atenção para aquilo que insistimos em não ver: todo dia é sempre igual. O que se vai fazer dele é que o torna especial.

Sim, todo dia é sempre igual. Para que a gente tenha exatamente a mesma chance de fazê-lo novo. Todos os dias.

E então? Quem você acordou hoje?

> Moda não é passarela distante, corpo perfeito, linguagem que ninguém entende. Moda é novidade que fala sobre nós.

NA SACOLA

LISTINHA DE APRENDIZADOS PARA LEVAR PARA CASA JÁ

1 | Tenha a si mesma como parâmetro. Empenhar-se em ser melhor que você mesma é um desafio delicioso.

2 | Vista-se para você. Queira estar bonita para si mesma. O resto é consequência.

3 | Pose diante do espelho. Ligue o som e feche a porta do quarto: essa hora é sua. Ria, brinque, dance, aprenda a se conhecer e saber onde está o seu melhor. Descubra seus melhores ângulos. Fotografe-se muito.

4 | Não se leve tão a sério. Seja você a modelo, seja você sua própria estilista.

5 | Descubra-se no que a moda tem a oferecer em vez de ficar tentando ser o que a moda determina.

6 | Pior do que usar uma Louis Vuitton falsa é ser uma falsificação de si mesma.

7 | Saber usar as cores é um dos grandes trunfos das mulheres de estilo.

8 | Reforce o que você tem de único: explore seus pontos fortes e faça das suas imperfeições boas marcas. Brinque com o que não saiu do jeito que você sonhou. Ninguém é bonito o tempo todo.

9 | Na hora de comprar peças novas para o seu armário, a única companhia que você deve levar é sua intuição. Na hora de tirar, convide uma grande amiga que possa ter um olhar de fora, desapegado e sincero.

10 | Alimente o olhar, não o raciocínio. Não calcule o que vai vestir: sinta.

11 | Naturalmente, seu estilo vai mudar com o passar do tempo. O que não significa que você esteja trocando de personalidade. Você estará apenas evoluindo.

12 | Use a roupa para combater sensações ruins: peças fluidas contra o cansaço, salto alto contra o baixo-astral, cores para combater a tristeza.

13 | Individualize-se: eleja seu corte de cabelo, seu perfume, sua forma própria de combinar cores. Encontre suas preferências e faça delas traços só seus.

14 | Moda é uma porta para a liberdade: use-a. Ter estilo não significa vestir-se sempre da mesma forma.

15 | Grandes dúvidas sobre uma produção podem ser, na verdade, uma certeza: é hora de trocar tudo e começar de novo.

16 | A maturidade é uma grande professora de estilo. O tempo é um aliado, não um inimigo. Apura o estilo, refina o humor e nos ajuda a distinguir o essencial do dispensável.

17 | Quando todo mundo estiver pensando de um jeito, experimente pensar de outro. É uma dica de estilo e tanto.

18 | Não use a moda para parecer outra pessoa, e sim para gostar mais de ser quem você é.

19 | Sorria! Você está sempre aprendendo.

20 | Moda é para ser feliz.

AGRADECIMENTOS

À Lápis Raro, ambiente fértil e livre onde tudo começou. À Layla Vallias, por seu prefácio querido e seu entusiasmo pela maturidade, que me contagia. Ao Pedro Almeida, por estar (sempre) no meu caminho. Ao Osmane, pela paciência. Às minhas convidadas, que deixaram este livro mais bonito e rico: Daniella Zupo, Camila Faus, Fê Guerreiro, Mary Arantes, Mailda Costa, Cidoca Nogueira, Tati Gabrich, Samira Campos e Hilaine Yaccoub. E especialmente a todos os fotógrafos (amadores e profissionais), que toparam participar da minha brincadeira louca, sem ter ideia de que ela poderia dar tantos frutos.

Ana Slika | Arthur Senra | Bárbara Dutra | Bárbara Magri | Bharbara Renault | Bruno Maluf | Cássia Paes | Cláudio Carneiro | Cris Cortez | Daniel de Jesus | Daniel Magalhães | Daniela Mota | Dávida Coutrim | Edmundo Bravo | Edson Brow | Elisa Mendes | Eliza Guerra | Fábio Lamounier | Fernando Martins | Flávio de Castro | Frederico d'Alcântara | Guilherme Woll | Gustavo Perillo | João Viegas | Juliana Swenson | Lara Dias | Leca Novo | Luiza Villarroel | Márcio Rodrigues | Marco Pomarico | Marcos Pina | Maria Laura Mesquita | Marina Ushiro | Mateus Dias | Nathália Mesquita | Odete Martins | Pedro Furtado | Petty Hegidio | Pino Gomes | Renata Ataíde | Rodrigo Ladeira | Saulo Guarise | Sérgio de Rezende | Sérgio Luiz de Castro | Renatha Flores | Tiago Batitucci | Vanessa Gori | Vinícius Correia | Virna Meleipe | Wolf Wagner

COPYRIGHT © FARO EDITORIAL, 2021

Todos os direitos reservados.
Nenhuma parte deste livro pode ser reproduzida sob quaisquer meios existentes sem autorização por escrito do editor.

Diretor editorial **PEDRO ALMEIDA**
Coordenação editorial **CARLA SACRATO**
Revisão **BÁRBARA PARENTE**
Foto capa e quarta capa **MÁRCIO RODRIGUES**
Diagramação **OSMANE GARCIA FILHO**

Todas as imagens foram cedidas pela autora

Dados Internacionais de Catalogação na Publicação (CIP)
Angélica Ilacqua CRB-8/7057

Guerra, Cris
    Moda intuitiva : um não manual da moda para ser feliz / Cris Guerra. — 3ª ed. — São Paulo : Faro Editorial, 2021.
    288 p : il, color

    ISBN 978-65-5957-071-8

    1. Moda 2. Vestuário I. Título

21-2876   CDD-391

Índice para catálogo sistemático:
1. Moda – Vestuário

3ª edição brasileira: 2021
Direitos de edição em língua portuguesa, para o Brasil, adquiridos por FARO EDITORIAL

Avenida Andrômeda, 885 – Sala 310
Alphaville – Barueri – SP – Brasil
CEP: 06473-000
www.faroeditorial.com.br

CAMPANHA

Há um grande número de portadores do vírus HIV e de hepatite que não se trata. Gratuito e sigiloso, fazer o teste de HIV e hepatite é mais rápido do que ler um livro.

FAÇA O TESTE. NÃO FIQUE NA DÚVIDA!

ESTA OBRA FOI IMPRESSA EM SETEMBRO DE 2021